全国城市轨道交通专业高职高专规划教材

Chengshi Guidao Jiaotong Tongxin yu Xinhao Xitong
城市轨道交通通信与信号系统

王青林　主　编
倪炳巍　副主编
尹相勇［北京交通大学］　主　审

人民交通出版社

内 容 提 要

本书为全国城市轨道交通专业高职高专规划教材。全书共9章，主要内容包括：信号基础设备与通信系统的安全，信号基础设备，轨道电路，车站联锁，区间闭塞，列车自动控制（ATC）系统，ATO与ATS系统，城市轨道交通CBTC系统，城市轨道交通通信系统。

本书可作为高等职业教育城市轨道交通专业课程教材，也可作为城市轨道交通相关专业的教学参考书。

* 本书配有多媒体课件，读者可通过加入职教轨道研讨群（QQ群129327355）索取。

图书在版编目（CIP）数据

城市轨道交通通信与信号系统/王青林主编.—北京：人民交通出版社，2012.8
全国城市轨道交通专业高职高专规划教材
ISBN 978-7-114-10019-2

Ⅰ．①城… Ⅱ．①王… Ⅲ．①城市铁路—交通信号—信号系统—高等职业教育—教材 Ⅳ．①U239.5

中国版本图书馆CIP数据核字（2012）第195023号

全国城市轨道交通专业高职高专规划教材

书　　名	城市轨道交通通信与信号系统
著 作 者	王青林
责任编辑	任雪莲
出版发行	人民交通出版社股份有限公司
地　　址	（100011）北京市朝阳区安定门外外馆斜街3号
网　　址	http://www.ccpress.com.cn
销售电话	（010）59757973
总 经 销	人民交通出版社股份有限公司发行部
经　　销	各地新华书店
印　　刷	北京市密东印刷有限公司
开　　本	787×1092　1/16
印　　张	9.25
字　　数	227千
版　　次	2012年8月　第1版
印　　次	2020年12月　第10次印刷
书　　号	ISBN 978-7-114-10019-2
定　　价	23.00元

（有印刷、装订质量问题的图书由本社负责调换）

全国城市轨道交通专业高职高专规划教材
编审委员会

主　　任：施建年(北京交通运输职业学院)
副 主 任：(按姓氏笔画排序)
　　　　　王　彤(辽宁省交通高等专科学校)
　　　　　李加林(广东交通职业技术学院)
　　　　　杨金华(云南交通职业技术学院)
特邀专家：(按姓氏笔画排序)
　　　　　尹相勇(北京交通大学交通运输学院)　　王　英(北京京港地铁有限公司)
　　　　　史小俊(苏州轨道交通有限公司)　　　　刘卫民(长春市轨道交通集团有限公司)
　　　　　佟关林(北京市地铁运营有限公司)　　　周庆灏(上海申通地铁集团有限公司)
　　　　　林伟光(北京京港地铁有限公司)　　　　郑树森(香港铁路有限公司)
　　　　　徐树亮(南京地下铁道有限责任公司)　　徐新玉(苏州大学城市轨道交通学院)
委　　员：(按姓氏笔画排序)
　　　　　万国荣(广西交通职业技术学院)　　　　王　华(四川交通职业技术学院)
　　　　　王劲松(广东交通职业技术学院)　　　　王建立(北京铁路电气化学校)
　　　　　王　越(辽宁铁道职业技术学院)　　　　田　文(湖北交通职业技术学院)
　　　　　邝青梅(广东省交通运输技师学院)　　　刘　奇(西安铁路职业技术学院)
　　　　　刘　杰(北京市电气工程学校)　　　　　刘柱军(黑龙江第二技师学院)
　　　　　吕建清(青岛港湾职业技术学院)　　　　江　薇(武汉市交通学校)
　　　　　张洪革(辽宁省交通高等专科学校)　　　张　莹(湖南铁道职业技术学院)
　　　　　张　燕(成都市工业职业技术学校)　　　李士涛(南京交通职业技术学院)
　　　　　李中秋(河北交通职业技术学院)　　　　李　军(北京交通运输职业学院)
　　　　　李志成(安徽交通职业技术学院)　　　　李　季(北京市自动化工程学校)
　　　　　杨亚芬(云南交通职业技术学院)　　　　汪成林(武汉铁路职业技术学院)
　　　　　汪武芽(江西交通职业技术学院)　　　　沈　艳(哈尔滨铁道职业技术学院)
　　　　　单　侠(北京市外事学校)　　　　　　　周秀民(吉林交通职业技术学院)
　　　　　罗建华(北京地铁技术学校)　　　　　　范玉红(南通航运职业技术学院)
　　　　　俞素平(福建船政交通职业学院)　　　　耿幸福(南京铁道职业技术学院)
　　　　　郭凯明(甘肃交通职业技术学院)　　　　都娟丽(西安科技商贸职业学院)
　　　　　阎国强(上海交通职业技术学院)　　　　谭　恒(广州市交通运输职业学校)
秘　　书：袁　方(人民交通出版社)

随着城市规模的不断扩大和城市人口数量的急剧增加,交通拥挤问题日益突显,城市轨道交通由于具有运能大、速度快、安全准时、乘坐舒适、节约能源以及能够缓解地面交通拥挤和有利于环境保护等多方面的优点,因此采用立体化的快速轨道交通,来解决日益严重的城市交通问题,已经成为城市交通发展的大趋势。通信与信号系统是确保城市轨道交通列车运行安全及提高运营效率的关键设备。

本书详细介绍了关于城市轨道交通通信与信号的有关知识。全书共分9章,主要包括:信号基础设备与通信系统的安全,信号基础设备,轨道电路原理分类,车站联锁的基本知识,区间闭塞相关知识,列车自动控制系统(ATC)概述及ATP原理,ATS与ATO系统的相关知识,城市轨道交通CBTC系统,城市轨道交通通信系统。

本书由辽宁省交通高等专科学校王青林担任主编,吉林交通职业技术学院倪炳巍担任副主编,由北京交通大学交通运输学院尹相勇教授担任主审。具体编写分工为:王青林编写第一章~第三章、第六章;倪炳巍编写第七章;慕威编写第四章;张新宇编写第五章;薛亮编写第八章;韩海玲编写第九章。

在本书编写过程中,得到了各方朋友们的帮助,在此表示衷心的感谢。特别感谢人民交通出版社的领导和编辑们的支持和帮助。

由于作者水平有限,书中难免有错误和不当之处,欢迎各位读者批评指正。

编 者
2012年6月

出版说明

21世纪初,随着我国城市轨道交通建设进入快速发展时期,各地职业院校面临这一大好形势,纷纷开设了城市轨道交通相关专业。为了满足我国城市轨道交通专业高职高专教育对教材建设的需求,我们在人民交通出版社2009年推出的"全国职业教育城市轨道交通专业规划教材"基础上,协同中国交通教育研究会职业教育分会城市轨道交通专业委员会,组织北京交通运输职业学院、南京铁道职业技术学院、上海交通职业技术学院、湖南铁道职业技术学院、广东交通职业技术学院、辽宁省交通高等专科学校等一线资深教师组成的编写团队,同时组建由北京交通大学交通运输学院、苏州大学城市轨道交通学院、香港地铁、北京地铁、京港地铁、上海地铁、南京地铁等资深专家组成的主审团队,联合编写审定了"全国城市轨道交通专业高职高专规划教材"。

为了做好教材编写工作,促进和规范城市轨道交通行业职业教育教材体系的建设,打造更为精品的城市轨道交通专业教材,我们根据目前职业教育"校企合作,工学结合"的教学改革形势,在多方面征求各院校的意见后,于2012年推出以下16种:

《城市轨道交通概论(第2版)》

《城市轨道交通客运服务英语(第2版)》

《城市轨道交通客运组织(第2版)》

《城市轨道交通行车组织(第2版)》

《城市轨道交通运营安全(第2版)》

《城市轨道交通票务管理(第2版)》

《城市轨道交通车站设备(第2版)》
《城市轨道交通客运服务(第2版)》
《城市轨道交通通信信号(第2版)》
《城市轨道交通车辆构造》
《城市轨道交通导论》
《城市轨道交通运营组织》
《城市轨道交通通信与信号系统》
《城市轨道交通安全管理》
《城市轨道交通设备管理》
《城市轨道交通调度指挥》

本套教材具有以下特点:

1. 体现了工学结合的优势。教材编写过程努力做到了校企结合,将北京、上海、广州、南京等地先进的地铁运营管理经验吸收进来,极大地丰富了教材内容。

2. 突出了职业教育的特色。教材内容的组织围绕职业能力的形成,侧重于实际工作岗位操作技能的培养。

3. 遵循了形式服务于内容的原则。教材对理论的阐述以应用为目的,以够用为尺度。语言简洁明了,通俗易懂;版式生动活泼、图文并茂。

4. 整套教材配有教学课件,读者可于人民交通出版社网站免费下载;单元后附有复习思考题,部分单元还附有实训内容。

5. 整套教材配有课程标准,以便师生教学参考。

希望该套教材的出版对职业院校城市轨道交通专业教材体系建设有所裨益。

全国城市轨道交通专业高职高专规划教材
编审委员会
2012年7月

目录 MULU

第一章　信号基础设备与通信系统的安全 ·· 1
　第一节　城市轨道交通信号与通信系统概述 ··· 1
　第二节　故障—安全原理 ··· 2
　第三节　信号安全技术 ··· 6
第二章　信号基础设备 ·· 9
　第一节　信号继电器 ··· 9
　第二节　信号机 ·· 15
　第三节　转辙机 ·· 20
第三章　轨道电路 ·· 29
　第一节　轨道电路的组成原理与种类 ·· 29
　第二节　轨道电路的工作状态与基本参数 ··· 30
　第三节　轨道电路的划分与绝缘布置 ·· 30
　第四节　工频轨道电路 ·· 32
　第五节　数字无绝缘轨道电路 ·· 34
　第六节　计轴器 ·· 36
　第七节　轨道电路常见故障 ··· 38
第四章　车站联锁 ·· 39
　第一节　联锁的概念 ··· 39
　第二节　联锁图表的编制 ·· 41
　第三节　联锁类型 ·· 43
第五章　区间闭塞 ·· 48
　第一节　闭塞技术的发展 ·· 48
　第二节　列车定位技术 ·· 49
　第三节　自动闭塞原理 ·· 51
　第四节　移动闭塞技术 ·· 52
　第五节　移动闭塞的技术特点与优势 ·· 56
第六章　列车自动控制（ATC）系统 ·· 59
　第一节　ATC 系统综述 ·· 59
　第二节　ATP 子系统基本原理 ··· 68

第七章 ATO 与 ATS 系统 ································· 77
  第一节 ATO 系统基本原理 ································· 77
  第二节 ATS 系统基本原理 ································· 83

第八章 城市轨道交通 CBTC 系统 ································· 95
  第一节 概述 ································· 95
  第二节 子系统和设备的详细描述 ································· 98
  第三节 CBTC 系统运行模式 ································· 103
  第四节 系统遵循的原则 ································· 105
  第五节 CBTC 功能描述 ································· 108

第九章 城市轨道交通通信系统 ································· 119
  第一节 城市轨道交通通信系统概述 ································· 119
  第二节 城市轨道交通传输子系统 ································· 121
  第三节 城市轨道交通公务电话子系统 ································· 124
  第四节 城市轨道交通专用电话子系统 ································· 125
  第五节 城市轨道交通广播子系统 ································· 125
  第六节 城市轨道交通闭路监视子系统 ································· 126
  第七节 城市轨道交通时钟子系统 ································· 128
  第八节 城市轨道交通无线子系统 ································· 129
  第九节 城市轨道交通通信电源及接地系统 ································· 133

附录 常用城轨信号系统英文缩写对照表 ································· 136

参考文献 ································· 137

第一章 信号基础设备与通信系统的安全

内容提要
1. 了解信号与通信系统的基本内容；
2. 掌握故障—安全原理的基本内容；
3. 了解信号安全技术原则。

城市轨道交通信号系统是城市轨道交通的重要基础设施之一，是确保列车的运行安全和提高行车效率的保障。城市轨道交通列车运行速度低，但运行密度大，站间距离短，因此要求列车自动控制（ATC）系统具有智能化、数字化、模块化等特点。ATC 包括 ATO（列车自动驾驶）、ATP（列车自动防护）、ATS（列车自动监控）三个子系统，通过通信网络实现地面控制与车上控制结合、本地控制与中央控制结合。此外，城市轨道交通信号设备还包括继电器、轨道电路、转辙机、信号机等基础设备。城市轨道交通通信系统为传输服务、给旅客提供信息、保证车站与中控中心的视听网路正常运行，并对各个子系统内的故障进行自检和报警，确保整个通信系统可靠运行。

第一节 城市轨道交通信号与通信系统概述

一、城市轨道交通通信系统简介

城市轨道交通通信系统直接为轨道交通运营和管理服务，是指挥列车运行、进行运营管理、公务联络和传递各种信息的重要手段，是保证列车安全、快速、高效运行不可缺少的综合系统。它主要由以下分系统组成：传输系统、公务电话系统、专用电话系统、广播系统、电视监控系统、无线通信系统、时钟系统以及电源和接地系统。这是一个复杂的大系统，各个部分互相结合、协调，完成具体的任务。现代城市轨道交通的快捷、高效、可靠、安全等，与完善而先进的通信系统密不可分。相关资源见二维码1。

基于通信的列车控制系统 CBTC（Communication-Based Train Control，简称 CBTC 系统）是一个连续、自动化的列车控制系统，它利用高解析技术侦测列车位置。CBTC 系统采用连续、高容量且实现车辆轨旁双向通信的数据通信系统。CBTC 系统下的 ATP 设备具有执行自动列车保护的能力；ATO 实现自动列车操作；ATS 具有自动列车监督等功能。

二维码1

二、城市轨道交通信号系统的作用

城市轨道交通信号系统是以标志物、灯具、仪表和音响等向行车人员传送机车车辆运行条件、行车设备状态和行车有关指示。其作用是保证机车车辆安全有序地行车与进行调车作业。轨道交通信号是随着第一列列车在英国的产生而出现的。早期的信号是十分简陋的,现代信号借助电子工业的发展,使行车指挥系统实现了自动化,列车运行也向着自动驾驶与自动控制方向发展。

我国于1907年在大连至长春的铁路上开始安装了臂板式信号机,1951年自行设计与制造的进路继电式集中联锁设备在衡阳铁路车站使用。此后,在各铁路线上逐步配置了自动闭塞、集中联锁、调度集中控制等设备。

信号按其作用,可分为指挥列车运行的行车信号和指挥调车作业的调车信号;按信号设置的处所,可分为车站信号、区间信号,以及行车指挥和列车运行自动化信号等;按信号显示制式,可分为选路制信号和速差制信号;按结构,可分为臂板信号和色灯、灯列信号。

轨道交通信号设备可分为三大类:一是信号机,其原始形式是手灯、手旗、明火、声笛等,现代信号机主要有进、出站信号机,通过信号机,进路信号机,驼峰信号机,驼峰辅助信号机,接近信号机,遮断信号机,调车信号机,防护信号机,减速信号机和停车信号机等,以及其他复示信号机等辅助性信号机;二是标志,主要有预告标、站界标、警冲标、鸣笛标、作业标、减速地点标及机车停止位置标等;三是表示器,其作用是补充说明信号的意义,主要有发车表示器、发车线路表示器、进路表示器、调车表示器、道岔表示器等。

三、轨道交通信号系统的发展

城市轨道交通通信系统将向两个方向发展:一是宽带化趋势。二是各种新系统的开发应用。为不断完善城市轨道交通的服务,相应功能的子系统将不断融入城市轨道交通信号与通信系统中。

第二节 故障—安全原理

一、安全性和可靠性的相关概念

1. 安全性

系统在规定的条件下,在规定的时间内,不陷入危险状态的性能。

2. 可靠性

系统在规定的条件下,在规定的时间内,不发生故障的特性。可靠性是反映产品质量的一个重要指标。在与安全有关的系统中,安全性也是反映质量的重要指标,信号系统中它比可靠性更重要。

3. 失效

失效是导致错误发生的主要原因。包含以下内容:一是系统或系统的部件不能在规定的限制内执行所要求的功能;二是一个功能单元执行所要求的功能的能力的终结;三是程序操作偏离了程序的需求。

4. 错误

错误是指系统陷入不正常状态或执行非正常操作。错误可能由硬件失效、软件失效、环境干扰等原因引起。

5. 故障

由于错误造成系统的部件、软件或系统丧失必要的功能。即由于各种原因所造成的系统的不正常状态。故障可按时间间隔、值的类型、故障影响范围进行如下分类。

(1)按时间间隔,可分为永久性故障和瞬时性故障。永久性故障是由部件或软件中的不可逆变化引起的,它永久地将原逻辑或原数据变为另一种逻辑或数据。瞬时性故障是持续时间不超过一定值的故障。故障只引起部件或软件运行结果当前值的变化,而不导致不可逆变化。

(2)按值的类型,可分为确定值故障和非确定值故障。确定值故障的故障变量保持在一个恒定的值上,非确定值故障的故障变量在一定的范围内不断变动。

(3)按故障影响范围,可分为局部故障和分布式故障。局部故障通常指只影响局部逻辑线路或某一软件模块的故障。分布式故障(相当于多故障)是指包含有两个或两个以上逻辑部件或软件模块的故障,以及一个子系统或整个系统的故障。分布式故障可能引起灾害性后果。

6. 失误

失误是指人为的失败和错误。通常指人的错误操作。

7. 危害

危害是指有可能给人类或人类财产带来不良影响的事情。

8. 风险

风险是表示危及安全事件发生的频度,以及事件危害程度(或严重程度)的指标。

9. 容错

容错指一个系统在其中故障已经出现的情况下仍能提供要求功能存活的属性。

10. 安全性评估

采用解析或测试的方法,对系统安全性能进行估算和分析,从而对系统安全性能作出定量或定性的评价。用于安全性评估的指标主要是安全性完善度和安全性完善等级。

(1)安全性完善度:在给定的条件下,到给定的时刻 t,系统维持所要求安全功能的概率。它是表示系统所能达到安全性要求程度高低的指标。

(2)安全性完善等级:表示系统所能达到的安全性水平等级。通常较低的等级表示安全性水平低,较高的等级表示安全性水平高(例如:1级安全性完善等级为最低级)。

二、故障—安全原理

故障—安全是指系统在发生故障的情况下,能够维持安全状态或向安全状态转移的这种与安全相关的系统特性。在信号系统中,常称之为故障导向安全原则,又称 FS(Fail-Safe)原则。

信号"故障—安全"技术是随着轨道交通控制系统的进步而发展起来的。信号控制设备率先完成了故障—安全的设备化。从臂板信号机、机械联锁到信号继电器、轨道电路,直到继电联锁,不仅实现了故障状态向安全状态转移的功能,而且为信号安全技术提供了许多可以借鉴的重要方法,因而成为现代轨道交通信号控制系统设计中的重要参考内容。

信号系统的重要作用之一是保证列车运行的安全,这种安全的实现总是以"系统故障时让列车停止运行"为首要方针。规定系统故障时把信号变为"让列车停止运行"的状态作为安全侧,这是信号安全技术的一个重要特点。由于司机对信号显示的信任和服从,一旦让列车停止运行信号故障,出现错误显示,将会造成人员伤亡和财产的巨大损失。为了保证列车运行的安全,在信号设备发生故障时,绝对禁止向显示"进行信号"的危险侧动作,而必须导向显示"停止信号"的安全侧。也就是说,在信号设备发生故障时,显示绝对不能"升级"。

随着可靠性理论的发展,对故障的分析主要是建立在概率论的基础上。进而揭示了故障—安全也应是一个具有概率特性的概念。首先,客观上百分之百可靠的信号设备是不存在的,即设备的故障是不可避免的。其次,用全故障率 λ_t 表示,希望它足够小,但不可能为零。

三、系统输入输出信号安全要求和对策

1. 故障—安全输入接口

在微机化的信号设备中,监控对象的状态,通常用继电器接点的状态表示,这种继电器接点状态输入到计算机的输入接口必须满足故障—安全原则。为此,故障—安全输入接口必须满足以下两点:一是采用光电隔离技术;二是采用编码输入或过程输入方式,以便有效地实现故障—安全原则。过程输入方式又分为两类:一类是输入接口采用多重模块结构,并使用软件进行校验的空间冗余法;另一类是采用诊断技术检查输入值的时间冗余法。

2. 故障—安全输出接口

在微机化的轨道信号设备中,计算机输出的控制命令最终用信号继电器来执行。从计算机到信号继电器之间需要采用代码—动/静态以及动/静态—电平输出两级变换电路,使其输出足够的驱动功率,并满足故障—安全原则的要求。

代码—动/静态变换电路是计算机输出控制信号必须经历的过程。这种变换可分成软件变换和硬件变换两种实现方式。软件变换是根据逻辑运算结果(代码形式),在需要输出危险侧控制信号时,借助软件的执行使计算机不断地输出脉冲串。这种方式节省了硬件,但占用了计算机的处理时间。硬件变换可以采用振荡式的故障—安全逻辑元件实现,还可以采用移位寄存器实现。后者的基本原理是将危险侧代码并行输送到移位寄存器中,然后再由控制时钟推动移位寄存器,使其输出串行脉冲序列。当输入为脉冲序列时,动/静态—电平变换电路输出均为高电平。而在输入为稳态电平或电路发生故障时均为低电平,所以,称这类电路是动态鉴别电路,又称为故障—安全驱动电路。

四、安全性评估

1. 硬件系统的可靠性和安全性评估指标

对于信号应用微机系统,为了满足运营高效和安全的要求,必须具有极高的可靠性和安全性。但无论系统的可靠性和安全性多高,系统故障不可避免,但采取各种可靠性技术措施可以帮助系统延长无故障工作时间。在定量地考虑系统的可靠性时,一般用平均故障间隔时间MTBF(Mean Time Between Failures)来衡量系统的可靠性。对信号设备而言,不仅要求它尽可能少的发生故障,而且更要求它在发生了故障后,不致出现危及行车安全的后果。因此,采用故障—安全技术,可使系统不发生危险侧故障。但实践证明,绝对不发生危险侧故障是不可能的,只能采取措施使危险侧故障发生的概率尽可能小。在定量地考查系统的安全性时,可用危险侧故障发生的概率安全度作为衡量系统的指标。实际上,可靠性和安全性是密切相关的,为

了计算上的统一,采用系统的平均危险侧故障间隔时间 MTBFAS(Mean Time Between Failures Against Safe) 衡量系统的安全性。

对于信号应用的微机系统是个非常复杂的系统,对于它的可靠性和安全性进行精确定量计算十分复杂。为了便于计算,有必要作一些合理的简化和假设。首先,在系统中若有表决器、比较器、自动转换装置以及系统之间接口电路等模块,则认为它们较微机系统具有更高的可靠性,另外,为了便于不同冗余结构的系统之间进行比较,假定各系统所用微机可靠性指标相同。

在计算系统的可靠度时,如果系统是动态切换冗余结构或是三中取二冗余结构,则当一个微机系统发生故障时整个系统仍能正常工作,即不影响系统的运行。若在规定的修理时间 T 内已将发生故障的微机更换(或进行修理)完毕,则系统就可正常地工作下去。只有在规定的修理时间 T 内,另一个微机系统也发生了故障才会导致系统瘫痪。因此,修复时间 T 是计算系统可靠度的一个重要参数。实际上,修复时间 T 包括间接工时和直接工时两部分。间接工时是指从微机发生故障之时到维修人员开始修理这段时间,直接工时是指具体的修理时间。

在计算安全度时,需要分析在什么情况下才发生危险侧故障。在采用双重软件进行比较的情况下,假定只有当发生两次故障且两次故障的后果一致并且不能通过比较被发现时,才有导致危险侧故障的可能。具体的情况是:

(1)微机第一次发生故障,使得基本的或冗余的信息中出现了一个错误的信息。

(2)在第一次故障尚未被检出期间,或者说在检测时间内又发生了第二次故障。对于动态切换系统来说,是指同一微机发生了第二次故障,对于三中取二系统来说,是指另一个微机系统发生了故障,这次故障也产生了另一个错误信息。

(3)两个错误的信息恰巧构成了两个相同且错误的有效代码,因而不能检出。

(4)错误的有效代码又是危险侧代码,从而产生了一个危及行车安全的控制命令。

总之,只有上述四个条件同时出现时才算是出现了危险侧故障。

2. 软件系统的可靠性和安全性评估

1)软件的可靠性评估

软件可靠性是指软件在所规定的环境条件下和规定的时间内,一直能按需求规格说明,正确地完成任务的能力。软件可靠性的概率度量则称为软件可靠度。

面向用户的软件可靠度定义,可以有以下两种:①程序在规定的时间内对一组随机选择的输入数据能给出正确输出的概率;②程序在规定的时间和规定的用户环境中,对一组典型的输入数据,能给出正确输出的概率。

到目前为止,软件可靠性模型有 30 多种,对这些模型可以按软件生存周期的各个阶段加以分类。这是以模型的主要特征作为分类的依据。按此种分类方法,可以分为测试与排错阶段、确认阶段、运行阶段、维护阶段的可靠性模型。在软件测试与排错阶段,通常是发现错误立即修正,因而可靠度增加,所以,这一阶段的模型一般都称为软件可靠性增长模型。在确认阶段,为了估计软件可靠性,要对软件进行大量测试,测试发现错误时不进行改正。软件运行阶段的可靠性模型基本上是以输入数据为基础的模型。在这一阶段,软件是不断被确认的。在维护阶段,可以改正软件中的错误,增加新的特征并改进算法。这些活动都会影响可靠性,可以用确认阶段的模型对软件可靠性进行估计。

2)软件系统的安全性评估

软件系统的安全性不像可靠性那样适合于定量处理,因为意外事故通常可由多种因素引起,概率小,评估极为困难。但对软件系统的安全性的度量研究仍在进行。

为了进行软件安全性评估,必须掌握下列各种资料和信息:

(1)软件系统分系统说明、软件需求说明、各种接口说明等有关资料;

(2)系统生存周期中软件及其组成单元的工作情况、功能、工作时序等有关资料;

(3)程序的各种功能的流程图、编程语言、储存和时序等相关资料;

(4)系统及软件在测试、生产、运输、装卸、储存、维修等各个环节与安全有关的资料;

(5)已知的危险事件源,包括能源及有毒物源,特别是可由软件控制的危险事件源;

(6)软件开发计划、软件质量评估计划、软件配置管理计划和其他系统、分系统开发计划的文档;

(7)系统测试计划、软件测试计划和其他测试文档。

软件安全性分析包括以下 7 个工作项目:①软件需求危险分析;②概要设计危险分析;③详细设计危险分析;④软件编程危险分析;⑤软件安全性分析;⑥软件与用户接口危险分析;⑦软件更改危险分析。

软件更改危险分析是用来考查和分析说明书、软件设计、源程序和目标程序的更改对安全性的影响。

第三节　信号安全技术

一、故障—安全计算机系统

1. 概述

在信号设备计算机化的进程中,首先要解决的一个重要问题,就是如何构造一个故障—安全计算机系统。

(1)故障—安全计算机系统包括三大部分:

①故障—安全计算机:实现数据处理过程的故障—安全;

②输入/输出接口:实现数据采集和控制过程的故障—安全;

③信息传输:实现远距离数据传输过程的故障—安全。

(2)故障—安全计算机的构成方法:采用非对称性错误特性元件的构成方法;采用通用的对称性错误特性元件的构成方法;采用通用计算机或处理器的构成方法。上述方案中的前两种由于结构的复杂性、可靠性、经济性上的原因,未能推广应用。采用硬件和软件冗余技术和故障诊断技术,将通用计算机的处理结果进行相互比较,发现故障时使输出导向安全侧的方法,在信号设备计算机化的过程中得到推广,各国信号工作者研制了多种实施方案,大致可分为软件相异性和硬件相异性两大类。

软件的相异性就是在一台微型计算机上配置两套相异的软件,借此进行故障诊断和错误检测,从而实现故障—安全。这类方式包括以下三种实现形式:①双版本软件方式;②软件自校验方式;③数据的相异性方式。

硬件的相异性就是把相同的软件配置在两台微型计算机上,高频度地对数据(广义的)进行校验,在检出异常时,把输出保持在安全状态的一种方式。这类方式也包括以下三种实现形式:①紧密耦合的总线同步式;②时差同步式;③程序同步式。

2. 信号设备微型计算机化的主要特点

为了有效地解决信号设备微机化的故障—安全问题,应详细分析微机化的信号设备与现行信号设备之间的差异,从而充分认识微机化信号设备的主要特点,从使用的器件、使用的技术、设备的功能、设备的抗干扰能力四个方面来看,微机化的信号设备具有如下特点:采用了集成电路芯片和利用软件实现逻辑运算及故障检测、诊断,从而使设备具有高速率、高智能处理能力,并且具有更高的可靠性、容错性能和安全性。但是,由于设备自身的对称性错误特性和低抗干扰能力,使整个设备在抗干扰方面必须采用特殊的处理对策和加固技术,从而不仅能充分发挥高速化、高智能处理能力,而且能够保证设备的故障—安全。

二、硬件安全性技术分类

在微机化的信号设备中,通过硬件实现故障—安全性能的技术主要有以下几类:
(1)多重化技术;
(2)高可靠技术;
(3)故障检测技术;
(4)电路构成技术。

三、软件安全性技术分类

在微机化的信号设备中,通过软件实现故障—安全性能的技术主要有以下几类:
(1)高可靠技术;
(2)故障检测技术;
(3)故障屏蔽和恢复技术;
(4)人机技术。

四、容 错 技 术

1. 概述

避错技术是采用正确的设计和质量控制方法,尽量避免把故障引进系统,试图构造一个不包含故障和错误的"完善"系统的技术手段。但要绝对构成一个不包含错误的系统是不可能的,只可能使系统中包含的错误少到一定程度,一旦系统出了故障,则必须通过故障检测和诊断确定故障部位,进而排除故障、修复系统,使系统恢复正常。

容错技术则是指采用外加资源的冗余技术,使系统出现某些硬件故障或软件错误时,仍能正确执行规定的程序或实现规定的功能。也可以说,容错技术可使过程不因系统中的故障而被中止或修改,并且执行的结果也不包含系统中故障引起的差错。容错的基本思想是在系统体系结构上精心设计,利用冗余的硬件资源或软件资源达到掩蔽故障的影响,从而自动地恢复系统或达到安全停机的目的,因而在信号应用微机领域得到广泛的应用。

2. 实现容错技术的主要方法

容错技术是依靠外加资源的方法来换取可靠性的。外加资源的方法很多,主要有外加硬件、外加信息、外加时间和外加软件等方法,对这些方法往往要合理使用,才能达到提高可靠性的目的。包括:硬件冗余,时间冗余,信息冗余,以及各种冗余技术的综合应用。

五、信号系统安全技术

信号系统安全技术可分为：
(1)故障—安全技术；
(2)危险侧故障率最小化技术；
(3)防错技术；
(4)故障弱化技术；
(5)储备；
(6)故障检测与诊断；
(7)故障恢复；
(8)多重化技术；
(9)安全余裕。

思 考 题

1. 什么是故障—安全原理？
2. 简述故障的不同分类。
3. 故障—安全计算机系统的组成部分有哪些？
4. 为什么要采用容错技术？

第二章 信号基础设备

> **内容提要**
> 1. 了解信号机的分类及结构,熟悉信号机设置的原则;
> 2. 了解道岔的种类;
> 3. 了解转辙机的种类及特点;
> 4. 掌握S700K转辙机的结构及原理;
> 5. 了解外锁闭与内锁闭的区别。

第一节 信号继电器

一、继电器概述

1. 继电器的基本原理

(1)继电器的组成:由接点系统和电磁系统两大部分组成。电磁系统由线圈、固定的铁芯、轭铁以及可动的衔铁构成。接点系统由动接点、静接点构成。

(2)继电器的动作原理。

当线圈中通入一定数值的电流后,由于电磁作用或感应方法,产生电磁吸引力,吸引衔铁,由衔铁带动接点系统,改变其状态,从而反映输入电流的状况。继电器最基本的工作原理为:线圈通电→产生磁通(衔铁、铁芯)→产生吸引力→克服衔铁阻力→衔铁吸向铁芯→衔铁带动动接点动作→前接点闭合、后接点断开电流减少→吸引力下降→衔铁依靠重力落下→动接点与前接点断开后接点闭合。可见,继电器具有开关特性,利用其接点的通、断电路,从而构成各种控制。如图2-1b)所示为红绿信号灯控制。相关资源见二维码2。

2. 继电器的继电特性

回差特点:吸起值、释放值不等,吸起值>释放值。

3. 继电器的作用

二维码2

能够以极小的电信号控制执行电路中相当大的对象,能够控制数个对象和数个回路,也能控制远距离的对象。有着良好的开关性能:闭合阻抗小、断开阻抗大,有故障—安全性能,能控制多回路、抗雷击性能强、无噪声、受温度影响小等。

在以电子元件和微机构成的系统中,继电器作为接口部件,将系统主机与信号机、轨道电路、转辙机等执行部件结合起来使用。

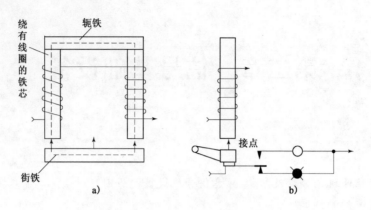

图 2-1　电磁继电器的基本工作原理

4. 轨道交通信号对继电器的要求

（1）安全、可靠；
（2）动作可靠、准确；
（3）使用寿命长；
（4）有足够的闭合和断开电路的能力；
（5）有稳定的电气特性和时间特性；
（6）保持良好的电气绝缘强度。

5. 信号继电器的分类

（1）按动作原理，分为电磁继电器、感应继电器。
（2）按动作电流，分为直流（无极、偏极、有极）继电器、交流继电器。
（3）按输入物理量，分为电流继电器、电压继电器、频率继电器、非电量继电器。
（4）按动作速度，分为快速继电器、正常继电器、缓动继电器。
（5）按接点结构，分为普通接点继电器、加强接点继电器。
（6）按工作可靠度，分为安全型继电器、非安全型继电器（前者称为 N 型重力式继电器，后者称为 C 型弹力式继电器）。

二、安全型继电器的结构及原理

1. 安全型继电器概述

Ax 系列安全型继电器是直流 24V 系列的重弹力式直流电磁继电器，其典型结构为无极继电器，其他各型号都是由其派生而成。因此，绝大部分零件都能通用。

（1）插入式和非插入式。
两者的区别是外观上是否有防尘罩，前者单独使用，后者内使用。
（2）安全型继电器型号的表示法。
安全型继电器型号采用汉字、拼音、字母和数字表示，字母表示继电器种类，数字表示线圈的阻值，例如：

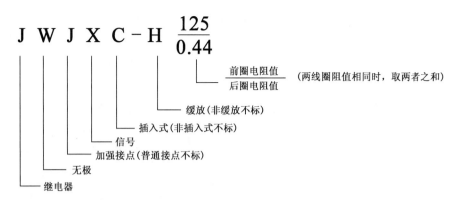

（3）安全型继电器的品种。

无极、无极加强接点、无极缓放、无极加强接点缓放、整流式、有极、有极加强、偏极、单闭磁等5种9类20多个品种及3个派生品种。

（4）继电器插座。

用于安装接线端子，便于安装在导轨上。

（5）安全型继电器的特点：前接点代表危险侧信息；后接点代表安全侧信息。

故障—安全原则：系统在发生故障的情况下，能够维持安全状态或向安全状态转移。发生安全侧故障的可能性，远远大于发生危险侧故障的可能性；处于禁止运行状态的故障有利于行车安全，称为安全侧；处于允许运行状态的故障可能危及行车安全，称为危险侧，其在故障情况下，前接点闭合的概率远远小于后接点闭合的概率。

（6）安全型继电器的寿命。

电寿命：$2 \times 10^{(5\sim6)}$次。

机械寿命：10×10^6次。

2. 安全型继电器的结构和动作原理

1）无极继电器

结构：电磁系统（线圈、铁芯、轭铁、衔铁）、接点系统（拉杆、动静接点组）。

动作原理：电→磁→力→动作拉杆。

吸引力＞重力时，为吸起状态。

吸引力＜重力时，为落下状态。

无极加强接点继电器是为通断功率较大的信号电路而设计的；它的普通接点与无极继电器的接点相同，加强接点组由加强动接点单元和带磁吹弧器的加强接点单元组成，为防止接点组间的飞弧短路，在两组加强接点间安装了既耐高温、又具有良好绝缘性能的云母隔弧片。隔弧片铆在拉杆上，为保证加强接点的安装空间，增加空白单元。无极继电器磁路如图2-2所示。

2）整流式继电器

整流继电器JZXC-480与无极继电器基本一致，仅在接点组上安装了二极管组成的半波或全波整流电路。输入的是交流电源，经整流后再送入线圈。

3）有极继电器

有极继电器JYJXC-135/220具有定位和反位两种

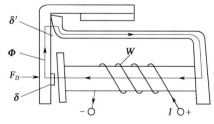

图2-2 无极继电器磁路

稳定状态。刃形的长条形永久磁钢代替了部分轭铁。由于有永久磁钢的存在,使得磁路系统中有了两条固定磁路,保持在断电后继电器的状态。当接通电源后,固定磁路在δ、δ′处与电磁路之间进行比较,使衔铁相应发生运动,改变其状态,如图2-3所示。

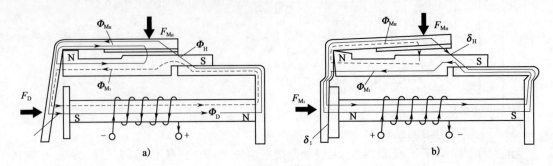

图2-3 有极继电器的结构
a)由反位转换至定位的磁通方向；b)由定位转换至反位的磁通方向

4) 偏极继电器

为了鉴别电流的极性,在方形极靴前装有人形永久磁钢。只有线圈中通过规定的电源极性,继电器才励磁。

三、安全型继电器的特性

1. 机械特性

机械特性与牵引特性之间的配合,保证继电器可靠吸合与落下。

2. 电气特性

电气特性是安全型继电器的基本要求,也是设计和实现信号逻辑电路的依据。具体包括:额定值,Ax系列继电器的额定电压为24V;充磁值;释放值;工作值,不大于额定值的70%;反向工作值,不大于工作值的120%;转极值,即有极继电器衔铁转极的最小电流或电压值;反向不工作值。

释放值和工作值之比称为返还系数,返还系数对于信号继电器有着特别重要的意义。返还系数越高,则继电器的落下越灵敏。规定普通继电器的返还系数不小于30%,缓放型继电器不小于20%,轨道继电器不小于50%。

3. 时间特性

常用在继电器线圈两端并联RC串联电路,达到缓吸缓放的目的。

4. 安全型继电器的接点特性

继电器接点是继电器的执行机构,通过接点来反映继电器的状态,进行电路的控制。对于继电器接点有较高的要求,从接点材料到接点结构,从接点组数到接点容量。对频繁通断大电流的接点,还必须采取灭火花措施。

最常用的方法是磁吹弧,这种方法是利用磁场的电磁力把电弧拉长,起到增大接点间距离的作用。使电弧拉长到加在接点间的电压,不足以维持电弧燃烧所需的电压而自行熄灭,如图2-4所示。

磁吹弧的方向根据左手定则确定,如图2-5所示,此时要求通过接点电流的方向,应符合使接点间电弧向外吹的原则。否则,向内吹弧,非但不会熄灭电弧,还会造成接点的损伤。加

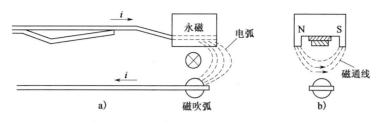

图 2-4 常见灭弧方式

强接点上用磁吹弧的继电器都规定了接点的正负极性,使用中要注意其方向。

永久型磁吹弧的优点:可节省铜线和绝缘材料,灭弧系统结构简单;灭弧能较稳定;没有电能消耗;可使接点开距缩小。

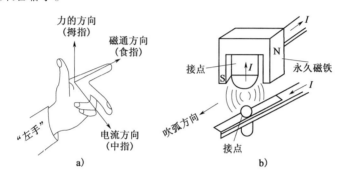

图 2-5 磁吹弧方向示意图

四、时间继电器

时间继电器 JSBXC-850 是一种缓吸继电器,借助电子电路,获得 180s、30s、13s、3s4 种延时。

1. JSBXC-850 型半导体时间继电器

(1)延时电路:主要借助 RC 充放电,使单结晶体管的基极电位发生变化,导致其导通和截止。

(2)延时时间:改变 R 的阻值实现。

(3)其他元件作用。

2. JSBXC-850 型时间继电器

采用微电子技术,通过单片机软件设定不同的延时时间。电路分为输入电路、控制电路、电源电路和动态输出电路。

五、交流二元二位继电器

交流二元二位继电器中的二元,指有两个相互独立而又相互作用的交变电磁系统,二位指继电器有吸起和落下两种状态。根据频率的不同有 25Hz 和 50Hz 两种。

JRJC-7/240 用于交流电化区段 25Hz 相敏轨道电路中的轨道继电器,它由专设的 25Hz 铁磁分频器供电,具有可靠的频率相位的选择性,对于轨端绝缘破损和不平衡造成的 50Hz 的干扰,有可靠的防护。另外,还有动作灵活的翼板转动系统、坚固的整体结构,经久耐用,维护方便。

1. 交流二元继电器

（1）电磁系统。

局部电磁系统由局部铁芯和局部线圈组成。

轨道电磁系统由轨道铁芯和轨道线圈组成。

（2）翼板。

翼板是将电磁系统的能量转换为机械能的关键部件，是由1.2mm厚的铝板冲裁而成。在翼板一侧的主轴上还安装有一块2.0mm厚由钢板制成的止挡片，与轴成一整体，使翼板转至上下极端位置时受到限制。

（3）接点组。

接点组具有常闭和常开各两组。

2. 工作原理

（1）相位的选择性：电→磁→涡流→力，局部电压相位超前轨道相位90°。

（2）频率的选择性：当50Hz的电压加在轨道线圈上时，其产生的转矩在一个周期内的平均值为零。因此，在干扰电流混入，与25Hz的局部线圈相作用，不会使继电器误动作。由于其具有良好的频率选择性，便于实现站内电码化。

六、继电器的应用

应用继电器构成的各种控制表示电路，统称为继电电路。相关资源见二维码3。

二维码3

1. 选择继电器的一般原则

（1）继电器的类型、线圈电阻，应满足各种电路的基本要求。

（2）电路中串联使用继电器时，串联继电器的数量应满足电压要求。

（3）继电器接点通过的电流不应小于电路的工作电流，必要时采用并联。

（4）继电器接点数量不够时（不能满足电路要求时），设置复示继电器反映主继电器工作状态。

（5）电路中串联继电器接点时，接点的接触电阻满足电路要求（不影响电路正常工作）。

2. 继电器的定位

（1）继电器的定位状态必须和设备的定位状态一致。如：信号机以关闭为定位状态，道岔以开通定位为定位状态，轨道电路以空闲为定位状态。

（2）继电器的落下状态必须与设备的安全侧相一致，满足故障—安全原则。如：信号继电器落下→信号机的关闭，轨道继电器的落下→轨道电路被占用。在电路中，凡是以吸起为定位状态的继电器，其接点和线圈以"↑"符号表示；凡是以落下为定位状态的继电器，其接点和线圈以"↓"表示。

（3）继电器的符号：对于线圈必须注明其定位状态箭头和线圈端子号，对于其接点只须标出其接点组号，而不必详细标明动、前、后接点号，但必须标出箭头方向。

3. 继电器线圈的使用

必须满足继电器的工作安匝和释放安匝。

串联：前后线圈串联，如：JWXC-1700。

并联：前后线圈并联，如：JWXC-850/850。

单线圈使用时,为了保证得到与两线圈串联使用时同样的工作安匝,通过线圈的电流必须比串联时大1倍,所消耗功率也大1倍。此时,电源容量要大,线圈易发热。因此,继电器大都采用两线圈串联使用的方法。但当电路需要时,也采用分线圈使用的方法。两线圈并联使用时,所需电压比串联时低一半,一般使用在较低电压的电路中。

4. 继电器基本电路

(1) 串联电路。实现"与"的功能,如图2-6a)所示。

(2) 并联电路。实现"或"功能,如图2-6c)所示。

(3) 串并联电路。如图2-6b)、d)所示。

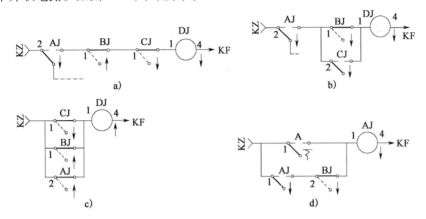

图 2-6　继电器基本电路

(4) 自闭电路。当继电器吸合之后,由其自身前接点构成,用来继续保持继电器励磁导通的电路即自闭电路。

(5) 互切电路。在控制电路中串联另一继电器的后接点。

5. 继电器电路的分析法

(1) 动作程序法。该分析法反映继电器电路时序因果关系,并不严格表达逻辑功能。

(2) 图解法。

(3) 接通径路法。该分析法仅仅表达的是继电电路的导通路径,而不能反映电路的逻辑功能。

6. 继电器故障

继电器常见的故障有:熔断器熔断、断线、脱焊、螺栓松脱、线圈烧坏、接点接触不良、线路混入电源等。如电路开路(断线故障)表现为:使继电器错误落下,或不能吸起。电路短路(短路故障)表现为:使继电器错误吸起,或不能落下。

第二节　信　号　机

一、信　号　种　类

1. 信号含义

信号分为听觉信号、视觉信号、移动信号(施工、维修临时使用)、固定信号(常用)。

2. 禁止信号和进行信号

禁止信号是指要求停车的信号；进行信号表示注意或减速运行的以及准许按规定速度运行的信号。

我国轨道交通视觉信号的基本颜色是红、黄、绿。其中，红色表示停车，绿色表示按规定速度运行，黄色表示注意或减速运行。

3. 固定信号的分类

（1）按设置部位，分为地面信号（设于车站或区间固定地点的信号机或表示器，防护站内进路以及闭塞分区和道口）、机车信号（设于机车驾驶室内，复示地面信号，逐步成为主体信号使用）。

（2）按信号机的构造，分为色灯信号机（用灯光的颜色、数目以及亮灯状态表示信号的含义，目前广泛使用透镜式，发展方向是组合式的色灯信号机）、臂板信号机（已经淘汰）。

（3）按用途，分为信号机（用来防护站内进路、防护区间、防护危险地点，具有严格的防护意义）、信号表示器（对行车人员传达行车或调车意图，或对某些作补充说明所用的器具，没有防护意义）。

（4）按地位，分为主体信号机（能够独立显示信号，指示列车或调车车列运行条件的）、从属信号机和复示信号机。

（5）按停车信号的显示意义，分为绝对信号（显示停止运行信号时，列车、调车车列必须无条件遵守的信号显示）、容许信号（列车在列车信号显示红灯、显示不明、灯光熄灭时允许列车限速通过，并随时准备停车的信号）。

（6）按安装方式，分为高柱（进站、正线出站、通过、预告、接车进路等）、矮柱（侧线出站、站内调车信号桥、信号托架）。

二、色灯信号机

（1）透镜式色灯信号机的种类有：高柱（安装在钢筋混凝土信号机柱上，由机柱、机构、托架、梯子组成）、矮柱（安装在信号机水泥基础上），单机构（单显示、双显示、三显示），双机构（四显示、五显示，还可以带引导信号、容许信号机构和进路表示器）。

（2）透镜式色灯信号机的机构：每个灯位由灯泡（采用直丝双丝铁路信号灯泡）、灯座（定焦盘式灯座，调好焦后换灯无需再调）、透镜组、遮檐（防止阳光等光线直射时产生错误的幻影显示）、背板（黑色，背景暗，衬托信号灯光亮度，改善瞭望条件）等组成。

（3）信号机机构的含义：X（信号机构）、S（色灯）、G（高柱）、A（矮柱）、HL（红绿）、B（白灯）、A（蓝灯）、U（黄灯）。如 XSG-HL。

（4）透镜式色灯信号机的光系统灯泡置于透镜组的焦点处，使灯泡发出的光呈平行射出，光线集中，照射远。相关资源见二维码4。

三、信号机的设置

1. 信号机设置的原则

（1）一般设于线路右侧。如果两线路之间不足以装设信号机时，可采用信号托架和信号桥。

（2）信号机柱的选择。为了提高通过能力，以及运输效率，进站、正线出站、通过、预告、接车进路信号机采用高柱；站内调车、侧线出站采用矮柱。

(3) 信号机的建筑限界。在线路旁设置的信号机，均不得侵入铁路建筑接近限界。在准许接发或通过超限货物列车的线路旁设置信号机，不得侵入超限限界。

(4) 交流电力牵引区段的信号机设置。进站、预告、通过信号机与接触网支柱同侧设置时，信号显示距离不应受接触网设备影响。

2. 信号机的设置位置

1) 进站信号机

作用：防护车站，指示列车的运行条件，保证接车进路的正确和安全可靠，凡车站的列车入口处（地面信号为主体信号）必须装设进站信号机。

设置：设于车站入口，距离最外方进站道岔尖轨尖端（顺向为警冲标）不少于 50m 的地点，根据调车作业和制动距离的需要，有时外移至 400m 以内。

2) 出站信号机

作用：防护区间，作为列车占用区间的凭证，指示列车能否由车站进入区间；与发车进路以及敌对进路相联锁，指示站内停车位置。发车线端部必须设置出站信号机。

设置：设于发车线警冲标内适当地点，一般为 3.5~4m 处。防止侧面冲突。

3) 进路信号机

作用：位于几个车场的车站，为指示列车由一个车场开往另一个车场。分接车、发车、接发车进路信号机。

设置：车场的转场处。

4) 通过信号机

作用：防护闭塞分区或所间区间，指示列车能否进入运行前方的闭塞分区或所间区间。

设置：自动闭塞区段的闭塞分区的分界处，以及非自动闭塞所间区间的分界处。不得设在启动困难的上坡处，确实需装设则应加装容许信号。上下行尽量并设。

5) 遮断信号机

作用：在繁忙道口、有人看守的桥梁、隧道以及可能危及行车安全的塌方落石地点进行防护。

设置：距离防护地点大于 50m 处。采用方形背板，并在机柱表面涂黑白相间的斜线。

6) 预告信号机

作用：当非自动闭塞区段未装机车信号时，在进站、通过、防护等信号机前方均应设置预告信号机；在采用色灯式进站信号机或进站信号机的显示距离不足、瞭望条件受限制的情况下，也必须设置预告信号机。它的作用是将主体信号机的显示状态提前告诉司机。

设置：应设在距主体信号机不少于一个列车制动距离（对于不超过 120km/h 的区段为 800m）的地点。

7) 调车信号机

作用：指示站内各种调车作业。

设置：通常设在调车作业繁忙的线路上（如到发线、咽喉道岔区），以及从非联锁区到联锁区的入口处。

3. 信号表示器的设置

(1) 进路表示器：设在出站以及发车进路兼出站信号机上，指示发车进路开通的方向。

(2)发车表示器:反映列车出发时,车站值班员是否向运转车长发出了发车信号,或运转车长是否向司机发出了发车信号。

(3)发车线路表示器:调车场的编发线上,补充说明哪条线路发车。

(4)调车表示器:指挥调车人员进行调车。

4. 信号机及信号表示器命名

(1)进站信号机:按列车运行方向。如 X(下行)、S(上行)、X_f(多路进站口)。

(2)出站信号机:按列车运行方向,右下角加股道号。如 X_1、S_5 等,多车场先加入车场号再加股道号。

(3)调车信号机:从列车到达方向顺序编号,上行咽喉用双数,下行咽喉用奇数,如 D_2、D_9。多车场以百位表示车场。

(4)接车进路信号机:按列车运行方向,如 XL、SL。当并置或连续布置接车进路信号机时,则在其右下角加序号。

(5)发车进路信号机:按列车运行方向,右下角加车场号再加股道号。

(6)预告信号机:第一字母为 Y,后面缀主体信号机编号。

(7)通过信号机:以该信号机所在地点坐标公里数和百米数,上行为偶数,下行为奇数。

四、信 号 显 示

1. 地面信号

地面信号一般是指信号机及信号表示器。

(1)信号机应设于列车运行方向的左侧。

(2)信号机的设置还应符合下列规定:

①信号机应根据行车组织需要设置。车站设进站和出站信号机;区间和站内道岔区设道岔防护信号机或道岔状态表示器;区间闭塞分区分界处设通过信号机。

②当采用列车自动防护系统(ATP)时可不设进站、出站及通过信号机。

③车辆段(场)设进段(场)信号机,根据需要可设出段(场)信号机,段(场)内设调车信号机。

④进站、进段(场)信号机及防护道岔的信号机设引导信号。

(3)信号显示应准确、清晰。

①地面信号显示应与车载信号显示的禁止、允许状态一致。

②地面信号为主体信号时,其信号显示熄灭或显示意义不明时,应视为禁止信号。

(4)地面信号为主体信号时,地面信号机及表示器的显示距离应符合下列规定:

①行车信号和道岔防护信号应不小于 400m。

②调车信号和道岔状态表示器应不小于 200m。

③道岔状态表示器以外的各种表示器、引导信号均应不小于 100m。

(5)信号显示的颜色及其表示意义。

①基本颜色:红色表示停车信号,禁止越过该信号机;绿色表示允许信号,信号处于正常开放状态,可按规定速度通过该信号机;黄色表示允许信号,信号处于有限开放状态,要求列车减速运行。

②辅助颜色:月白色用于调车作业时,表示允许越过该信号机调车,当用于正线行车作业

时,同红色信号构成引导信号,表示允许越过显示的红色信号的信号机,并随时准备停车;蓝色用于调车信号,表示禁止越过该信号机调车。

(6)信号定位显示。

①进站、出站、进路信号机及线路所用通过信号机,均以显示停车信号为定位。自动闭塞区段的通过信号机,以显示进行信号为定位。

②预告信号机及通过臂板,以显示注意信号为定位。

③在自动闭塞区段内的车站(线路所),如将进站、正线出站信号机及其直向进路内的进路信号机转为自动动作时,以显示进行信号为定位。

④调车信号以禁止调车运行的信号显示为定位。

2. 车载信号

(1)车载信号的显示应与地面信号显示的意义一致或含义相符,正确表示地面设备赋予车载设备的信息。

(2)车载信号的显示可根据车载设备功能、系统构成特点而具有不同的表示方式和内容。车载信号宜有列车实际速度、目标速度、目标距离、列车超速及设备故障等声光报警、表示。

(3)与自动停车设备结合运用的车载信号基本显示意义规定如下:绿色灯光表示按规定速度运行;黄色灯光表示注意或减速运行;半黄/半红色灯光表示停车报警,司机确认并准备停车;半黄/半黄色灯光表示道岔侧向限速;红色灯光表示强迫停车。表2-1列出了常用信号图形符号。

常用信号图形符号 表2-1

名 称	图形符号	名 称	图形符号
红色灯光	●	空灯位	⊗
黄色灯光	◐	稳定绿灯	⊕
绿色灯光	○	稳定红灯	⊛
蓝色灯光	⊙	高柱信号	⊢○ ○⊣
月白灯光	◎	矮型信号	I○ ○I

五、信号机养护检修

1. 日常养护

(1)信号机构、基础、箱盒外观检查,确保基础牢固,外观无损伤。

(2)检查设备有无受外界干扰,加锁是否良好。

(3)检查紧固件及信号锁有无锈蚀,对各部件加油。

(4)清扫机构内部、透镜玻璃,检查显示情况是否良好,清扫设备周围环境,保持清洁。

2. 集中检修

(1)检查机构、基础、箱盒牢固且完好无损伤。

(2)清扫机构,保持透镜玻璃干净无污染,检查并清扫箱盒、机构内部,确保显示良好,显示距离不小于200m。

(3)清扫周围环境,检查加锁良好,无锈蚀。

(4)正线试验主、副灯丝转换及报警,确保转换正常、报警良好。

(5)正线测试引导信号,能正常开放。

3. 检修作业标准

(1)外观检查。

①信号显示距离应符合要求。

②基础无裂纹,无腐蚀,倾斜不超过10mm。

③基础露出地面应不超过100mm。

④机柱引入蛇管无破损,防护作用良好。

⑤限界符合规定。

⑥机座螺钉紧固,螺栓至少与螺钉平齐。

(2)机构内部。

①机构安装牢固、平直,遮檐紧固、合适。

②透镜组完好严密,不透尘土。

③机构门、盘根密封,作用良好。

④线头无磨卡、无破皮,断股不超过1/3。

⑤端子不松动,双帽、垫圈齐全。

⑥灯泡无裂纹、断丝、弯曲、开焊等情况,灯口紧固,接触良好。

⑦灯泡端电压应保持在额定电压。

⑧灯丝转换及报警功能良好。

(3)检查电缆盒外部。

①基础完整无裂纹,倾斜不超过10mm。

②盒盖严密,有防尘措施,防尘良好。

③端子安装牢固,螺钉、垫圈紧固齐全。

④配线不破皮,不卡线,连接良好。

第三节 转 辙 机

一、道 岔

道岔是机车车辆从一个股道转入或越过另一个股道的线路设备,是轨道交通的重要组成部分之一。

1. 道岔结构

道岔主要由转辙部分、连接部分和辙叉部分组成,如图2-7所示。

(1)转辙部分由尖轨、基本轨、连接零件(包括连接杆、滑床板、垫板、轨撑、顶铁、尖轨跟端结构等)及转辙机械组成。

(2)连接部分由导轨、基本轨组成,它将转辙部分和辙叉部分连成一组完整的道岔。

(3)辙叉部分由辙叉心、翼轨、护轨等组成。

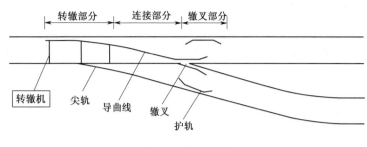

图 2-7 道岔结构图

2. 道岔号数

道岔辙叉角的余切值称为道岔号数或辙叉号码。

城市轨道交通常用的标准道岔号有 7 号、9 号、12 号。车场内基本采用 7 号道岔,正线及折返线统一采用 9 号道岔。为了行车安全平稳,列车通过岔速有一定的限制:7 号为 25km/h;9 号为 30km/h;12 号为 50km/h。相关资源见二维码 5。

二、转辙机概述

1. 转辙机的作用

(1)转换道岔的位置,根据需要转换至定位或反位。

(2)道岔转换到所需的位置并密贴后,实现锁闭,防止外力转换道岔。

(3)正确反映道岔的实际位置,道岔尖轨密贴于基本轨后,给出相应的表示。

(4)道岔被挤或因故处于"四开"位置时,及时给出报警和表示。

2. 对转辙机的基本要求

(1)具有足够的拉力,以带动尖轨作直线往返运动;当尖轨受阻不能运动到底时,应随时通过操纵使尖轨回复原位。

(2)作为锁闭装置,当尖轨与基本轨不密贴时,不应进行锁闭,一旦锁闭,应保证道岔不因列车通过的振动而错误解锁。

(3)作为监督装置,应正确反映道岔的状态。

(4)道岔被挤后,在未修复之前不应再使道岔转换。

3. 转辙机的分类

(1)按动作能源和传动方式分为电动 ZD、电动液压 ZY、电空转辙机 ZR。

(2)按供电电源的种类分为:

直流:ZD6 系列直流 220V,电空系列 24V。由于存在换向器和电刷,易损坏,故障率高。

交流:单相或三相电源,有 S700K、ZYJ7 系列交流 380V。故障率低,并控制隔离区。

(3)动作速度:普通动作在 3.8s 以上,大多数属于此类;快动在 0.8s 以下,一般用于驼峰调车场。

(4)按锁闭道岔的方式。

①内锁闭:依靠转辙机内部的锁闭装置锁闭道岔的尖轨,是间接锁闭方式。

②外锁闭:依靠外锁闭装置直接将基本轨与尖轨密贴,将斥离轨锁于固定位置,是直接锁闭方式。锁闭可靠,列车对转辙机几乎无冲击。

(5)按是否可挤,可分为可挤型和不可挤型转辙机。

可挤型转辙机:设有道岔保护(挤切或挤脱)装置,道岔被挤时,动作杆解锁,保护整机。

不可挤型转辙机:道岔被挤时,挤坏动作杆与整机的连接结构,应整机更换。

三、ZD6 型电动转辙机

ZD6-A 型电动转辙机的结构如图 2-8 所示。相关资源见二维码6。

二维码6

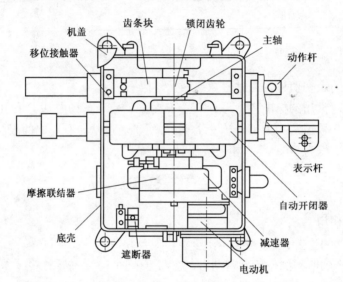

图 2-8 ZD6-A 型电动转辙机结构

1. 主要部件及作用

1)电动机

电动机要具有足够的功率,以获得必要的转矩和转速。电动机要有较大的起动转矩,以克服尖轨与滑床板之间的静摩擦。同时,道岔需要定反位转换,要求电动机能够逆转。通过改变定子绕组中或电枢(转子)中的电流的方向来实现。两个定子绕组通过公共端子分别与转子的绕组串联。额定电压为160V;额定电流为2.0A,摩擦电流为2.3~2.9A;额定转速为2400r/m;额定转矩为0.8826N·m;单定子工作电阻为$(2.85\pm0.14)\times2\Omega$,刷间总电阻为$(4.9\pm0.245)\Omega$。

2)减速器

为了得到足够的转矩,要求将电动机的高速旋转降下来。其由两级组成:第一级小齿轮带动大齿轮,减速比为103:27,第二级为行星传动式,减速比为41:1,总的减速比为$103/27\times41/1=156.4$。

行星减速器中内齿轮靠摩擦联结器的摩擦作用"固定"在减速器壳内,内齿轮里装有外齿轮。外齿轮通过滚动的轴承装载偏心的轴套上。

外齿轮41齿,内齿轮42齿,两者相差1齿。因此,外齿轮作一周偏心运动时,外齿轮的齿在内齿轮里错位一齿。内齿轮静止不动,外齿轮在一周的偏心运动中反方向旋转一齿的角度。

带动输出轴逆时针方向旋转一周,这样可达到减速目的,如图2-9所示。

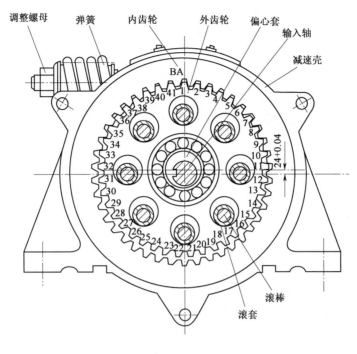

图2-9 减速器

3)传动装置

传动装置包括减速齿轮、输入轴、减速器、输出轴、起动片、主轴。起动片是介于减速器与主轴间的传动媒介,它连接输出轴与主轴,利用其正反两面相互垂直成"十"字形的沟槽,在旋转时补偿两轴不同心的误差,同时,还能够对自动开闭器起到控制作用。主轴带动锁闭齿轮,通过与齿条块配合,完成转换和锁闭道岔。主轴上安装锁闭齿轮,由锁闭齿轮和齿条块相互动作,将转动运动变为平动,通过动作杆带动尖轨运动,并完成锁闭作用。

4)转换锁闭装置

锁闭齿轮、齿条块可将旋转运动变为直线运动,以带动道岔的尖轨位移,并完成内部锁闭。

5)自动开闭器

用来及时、正确地反映道岔尖轨的位置,并完成控制电动机和挤岔表示的功能。

(1)结构组成。

①接点部分:动接点、静接点、接点座;动接点块传动部分包括速动爪、滚轮、接点调整架、连接板、拐轴。

②控制部分:拉簧、速动片、检查柱在正常转换过程时,对表示杆缺口起到探测作用。道岔不密贴,缺口位置不对,检查柱不会落下,它阻止动接点块动作,不构成道岔表示电路,挤岔时,检查柱被表示杆顶起,迫使动接点块转向外方,断开表示电路,如图2-10所示。

(2)速动片:配合起动片完成解锁和锁闭功能,使速动爪落入其梯形凹槽之中。

(3)动作原理:动作受起动片和速动片控制。输出轴转动时带动起动片转动。速动片由起动片上的拨片钉带动转动。从而将速动爪顶起或到位后落入,带动动接点块的运动。

(4)自动开闭器接点:有2排动接点,4排静接点,编号面对电动机,自右向左分别为1、2、3、4排,每排有3组接点,自上向下顺序编号。

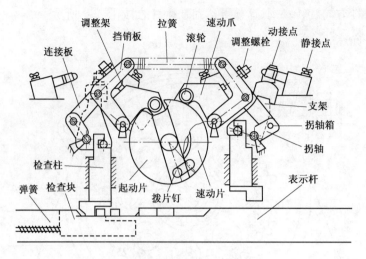

图 2-10 自动开闭器与表示杆的关系

6）表示杆

表示杆由前后表示杆以及两个检查块组成。随着尖轨移动，只有当尖轨密贴且锁闭后，自动开闭器的检查柱才能落入表示杆的缺口之中，接通表示电路。挤岔时，表示杆被推动，顶起检查柱，从而断开表示电路。

表示杆与道岔的表示连接杆相连，随道岔动作。用来检查尖轨是否密贴，以及在定位还是在反位。其由前、后表示杆以及两个检查块组成。前表示杆的前伸端设有连接头，用来和道岔的表示杆相连。后表示杆前端与并紧螺栓相连的是一长孔，所以有 86~167mm 的调整范围，以满足不同的道岔开程需要。

道岔转换到位后，自动开闭器上的检查柱就落入表示杆检查块的缺口之中，两侧的间隙为 1.5mm。

现场调整表示缺口是一项重要的工作，在密贴调整完成后，才能进行表示的调整。先伸出，再拉入；先调密贴，再调表示。

7）摩擦联结器

用弹簧和摩擦制动板，组成输出轴与主轴之间的摩擦连接，以防止尖轨受阻时损坏机件（图 2-11）。摩擦联结器是保护电动机和吸收转动惯量的联结装置。在道岔因故转换不到底时，电机电路不能断开，如果电动机突然停转，电动机将会因为电流过大而烧坏。另外，在正常使用过程中，其可以消耗电动机的惯性，以避免内部器件受到撞击或毁坏。

正常情况下，依靠摩擦力，内齿轮反作用于外齿轮，使外齿轮作摆式旋转，带动输出转动，使道岔转换。当发生尖轨受阻不能密贴和道岔转换完毕电动机惯性运动的情况下，输出轴不能转动，外齿轮受滚棒阻止而不能自转，但在输入轴的带动下作摆式运动，这样外齿轮对内齿轮产生一个作用力，使内齿轮在摩擦制动板中旋转（摩擦空转），消耗能量，从而达到保护电动机和机械传动装置的目的。

调整过紧会失去摩擦联结作用，损坏电动机和机件；过松则不能正常带动道岔转换。其松紧可以通过调整螺母来调整弹簧的压力实现。

8）挤切装置

挤切装置包括挤切削和移位接触器，用来进行挤岔保护，并给出挤岔表示。

两挤切削将动作杆与齿条块连成一体。正常转换时，带动道岔。当来自尖轨的挤岔力超过挤切削能承受的机械力时,主副挤切削先后被挤断,动作杆在齿条块内移动,道岔即与电动转辙机脱离机械联系,保护了转辙机的主要机件和尖轨不被损坏。

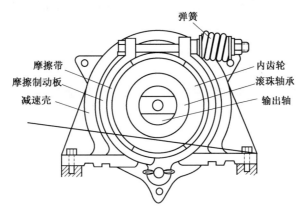

图 2-11　摩擦联结器的结构

移位接触器:监督挤切削的受损状态,道岔被挤或挤切削折断时,断开道岔表示电路。

动作杆与齿条块之间用挤切削相连,正常动作时,齿条块带动动作杆,挤岔时,挤切削折断,动作杆与齿条块分离,避免机件损坏。

9) 安全接点(遮断开关)

安全接点用来保证维修安全。

10) 外壳

外壳用来固定各部件,防止器件受损坏和雨水、尘土等的侵入。

2. ZD6 型电动转辙机整体动作过程

ZD6 型电动转辙机整体动作过程为:解锁→转换→锁闭。

(1) 电动机得电旋转;

(2) 电动机通过齿轮带动减速器;

(3) 输出轴通过起动片带动主轴;

(4) 锁闭齿轮随主轴逆时针方向旋转;

(5) 拨动齿条块,使动作杆带动道岔尖轨运动;

(6) 转换过程中,通过自动开闭器的接点完成表示;

(7) 完成转换,锁闭并给出表示。

3. ZD6 型电动转辙机的安装

安装方式:站在电动机侧看,动作杆向右伸,即为正装;反之,为反装。正装拉入和反装伸出为定位时,自动开闭器 1、3 排接点接通,正装伸出和反装拉入为定位时,2、4 排接点闭合。动作杆、表示杆的运动方向与自动开闭器动接点运动方向相反。

四、外锁闭装置

1. 道岔的锁闭方式

按道岔锁闭方式,可分为内锁闭和外锁闭。

(1) 内锁闭:内锁闭是当道岔由转辙机带动转换至某个特定位置后,在转辙机内部进行锁闭,由转辙机动作杆经外部杆件道岔实现位置固定。该方式不能适应提速的需要,满足不了安全及速度的要求。

(2)分动外锁闭:由于外锁闭道岔的两根尖轨之间没有连接杆,在道岔的转换过程中,两根尖轨是分别动作的,所以又称为分动外锁闭道岔。

分动:两尖轨之间没有连接杆连接,在转换时,一根先动,另一根后动。降低了转换时的启动力矩。

外锁闭:当道岔由转辙机带动转换至某个特定位置后,通过本身所依附的锁闭装置,直接把尖轨与基本轨或心轨与翼轨密贴夹紧并固定,称为外锁闭。外锁闭尖轨与基本轨密贴处实行锁闭,力量大,安全系数高。

2. 燕尾式外锁闭装置

燕尾式外锁闭装置属于平面锁闭,已渐被淘汰。

3. 钩锁式外锁闭装置

钩锁式外锁闭装置属于垂直锁闭方式。

4. 可动心轨外锁闭装置

该装置由锁闭杆、锁钩、锁闭框、锁闭铁组成。

可动心轨外锁闭装置的工作过程分为解锁、转换、锁闭三个阶段。由于其结构简单,安装方便,动作灵活,4mm 不锁闭容易实现。取消了道岔 Y 形接头拉板,解决了拉板松动的问题。心轨可以在锁钩的槽内自由伸缩,使心轨的爬行不影响外锁闭装置的锁闭,但锁钩较长,对生产工艺要求较高。

五、S700K 型电动转辙机

1. S700K 型电动转辙机的特点

S700K 型电动转辙机产品代号含义为:

S——西门子;

700——具有 700kgf 转换力——6860N;

K——带有滚珠丝杠。

(1)交流 380V 交流控制。

(2)摩擦联结器不需要调整。

(3)可延长作为驱动传动装置的滚珠丝杠的使用寿命。

2. S700K 型电动转辙机的分类

S700K 型电动转辙机,根据其装设的地点以及安装的牵引点具有多种型号。

装于线路左侧为 A13/A15;

装于线路右侧为 A14/A16 等。

3. S700K 型电动转辙机的结构

(1)外壳部分。外壳部分主要由铸铁底壳、动作杆套筒、导向套筒、导向法兰4部分组成。

(2)动力传动机构。动力传动机构主要由三相电机、摇把齿轮、摩擦联结器、滚珠丝杠、保持联结器、动作杆6部分组成。

(3)检测机构。检测机构主要由检测杆、叉型接头、速动开关组、锁闭块、锁舌、指示标 6

部分组成。

(4)安全装置。安全装置主要由开关锁、遮断开关、连杆、摇把孔挡板4部分组成。

(5)配线接口端。配线接口端主要由电缆密封装置、接插件插座两部分组成。

4. S700K型三相交流电动转辙机的功能

(1)电气检测尖轨和辙叉的终点位置,即只有当密贴尖轨密贴、斥离尖轨与基本轨距离符合要求,才能给出该组道岔的正确位置表示。

(2)转换道岔及辙叉的尖轨(即转换功能)。

(3)使道岔尖轨和可动岔心尖轨在终点位置有一定的保持力(防挤叉功能)。

(4)使锁闭装置有一定的机械保持力(锁闭功能)。

5. S700K型交流电动转辙机技术性能

(1)电动机:采用三相交流380V电源(设有专门的电源屏)。

(2)转换力:6000N(当外阻力超过该转换力时,电机就会出现空转现象,不能带动尖轨进行转换)。

(3)保持力:90kN(即作用到转辙机内部的振动、车轮侧向冲击等外力不能超过此力)。

(4)转辙机动程:分150mm、220mm、240mm三种(依据其放置的位置不同,其转换的动程也不一样,如尖轨处与心轨处)。

(5)动作时间:不大于7.2s(与ZD6型转辙机基本一致)。

(6)动作电流:不大于2A。

(7)单线电阻:不大于54Ω。

(8)检测杆行程(也就是尖轨与基本轨或心轨与翼轨之间的距离)有69mm、76mm、87mm、98mm、110mm、117mm、160mm、180mm等多种。同样,由于安装位置的不同,其行程也会不同,如图2-12所示,在尖轨处,第一牵引点的开程为160mm,第二牵引点为76mm,在心轨处第一动为117mm。

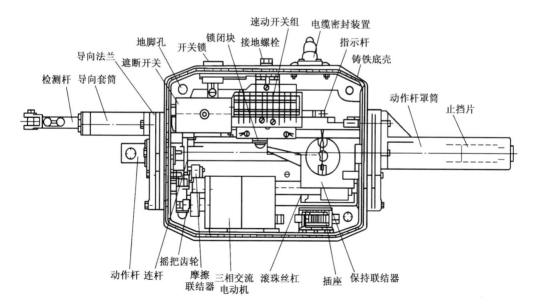

图2-12 S700K型电动转辙机

6. S700K 型电动转辙机的动作原理

(1)传动过程:电动机将动力通过减速齿轮组,传递给摩擦联结器,摩擦联结器带动滚珠丝杠转动,滚珠丝杠的转动带动丝杠上的螺母水平移动,螺母通过保持联结器经动作杆、锁闭杆带动道岔转换,道岔的尖轨或可动心轨经外表示杆带动检测杆移动。

(2)动作过程:①解锁过程及断开表示接点过程;②转换过程;③锁闭及接通新表示接点过程。

7. S700K 型电动转辙机的调整

(1)第一牵引点的调整包括:密贴的调整,锁闭量的调整,缺口的调整。
(2)第二牵引点的调整包括:密贴的调整,锁闭量的调整,缺口的调整。

8. S700K 型电动转辙机的安装装置

(1)S700K 型电动转辙机牵引外锁闭道岔的方式。
(2)S700K 型电动转辙机尖轨的安装装置。
(3)可动心轨的安装装置。

思 考 题

1. 简述信号继电器的基本工作原理及其在城市轨道交通信号系统中的作用。
2. 交流二元继电器有哪些特点?主要应用于哪些场合?
3. 简述进站、出站信号机的设置位置及作用。
4. 简述对转辙机的基本要求。
5. 简述 S700K 型电动转辙机的动作原理及特点。

第三章 轨道电路

内容提要
1. 掌握轨道电路的工作原理；
2. 了解轨道电路的主要参数；
3. 熟悉轨道电路的分类及特点；
4. 熟悉常用轨道电路；
5. 掌握计轴器的工作原理及结构。

第一节 轨道电路的组成原理与种类

轨道电路是利用钢轨线路和钢轨绝缘构成的电路,是城轨信号的重要基础设备,它的性能直接影响行车安全和运输效率。

1. 轨道电路的基本原理

(1)组成:钢轨、绝缘节、轨端接续线、送电端、受电端等。

(2)作用:钢轨——传送电信息;绝缘节——划分各轨道区段;轨端接续线——保持电信息延续;轨道继电器——反映轨道的状况。

图3-1所示为最简单的轨道电路,相关资源见二维码6。

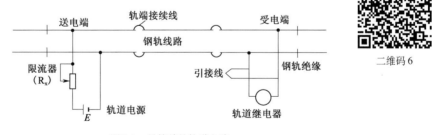

图 3-1 最简单的轨道电路

2. 轨道电路的作用

(1)监督列车的占用,反映线路的空闲状况,为开放信号、建立进路或构成闭塞提供依据。

(2)传递行车信息,如移频自动闭塞利用轨道电路传递不同的频率信息来反映列车的位置,决定通过信号机的显示或决定列车运行的目标速度,从而控制列车运行。

3. 轨道电路的分类

(1)按动作电源,分为直流轨道电路(已经淘汰)、交流轨道电路(低频 300Hz 以下,音频 300~3000Hz,高频 10~40kHz)。

（2）按工作方式,分为开路式、闭路式(广泛使用)。

（3）按传送的电流特性,分为连续式、脉冲式、计数电码式、频率电码式、数字编码式。

（4）按分割方式,分为绝缘轨道电路、无绝缘轨道电路(电气隔离式、自然衰耗式、强制衰耗式)。

（5）按所处的位置,分为站内轨道电路、区间轨道电路。

（6）按轨道电路内有无道岔,分为无岔轨道电路、道岔轨道电路。

（7）按适用的区段,分为电化区段、非电化区段。

（8）按通道,分为双轨条、单轨条。

4. 轨道电路的应用

轨道电路主要用于区间和车站。相关资源见二维码7。

区间的轨道电路通常是与自动闭塞制式相一致的轨道电路,按照自动闭塞通过信号机分区,每个闭塞分区就有其轨道电路。

二维码7

站内轨道电路应用更为广泛。对于电气集中联锁来说,列车进路和调车进路都必须安装轨道电路,对于机车信号来说,各种制式的区间轨道电路和站内电码化以后的轨道电路,就是其地面发送的设备,也就是信息来源。对于列车超速防护来说,带有编码信息的轨道电路是其车—地之间传输信息的通道之一。

第二节 轨道电路的工作状态与基本参数

（1）轨道电路的基本工作状态分为三种:调整状态(空闲);分路状态(占用);断轨状态(故障)。

（2）三种主要的影响因素为道碴电阻、钢轨阻抗、电源电压。

（3）各种状态的最不利条件。

调整状态:道碴电阻最小,钢轨阻抗最大,电源电压最低。

分路状态:道碴电阻最大,钢轨阻抗最小,电源电压最大。

断轨状态:道碴电阻最大,钢轨阻抗最小,电源电压最大,还有断轨地点。

（4）轨道电路分路的几个术语:

①列车分路电阻:列车车轮的接触电阻值。

②分路效应:列车分路,轨道继电器落下。

③分路灵敏度:在任一点分路,恰好是轨道继电器落下的电阻值。

④标准分路灵敏度:0.06Ω。

第三节 轨道电路的划分与绝缘布置

一、站内轨道电路的划分与命名

1. 划分原则

（1）有信号机的地方必须设置绝缘节。

（2）满足行车、调车作业效率的提高。

(3)一个轨道电路区段的道岔不能超过3组。

2. 命名

道岔区段和无岔区段命名方式不同。

(1)道岔区段:根据道岔编号来命名。如1-3DG、1-5DG。

(2)无岔区段:有几种不同情况,对于股道,以股道号命名,如1G等;进站内方,根据所衔接的股道编号加A或B,如1AG(下行咽喉)、2BG(上行咽喉);差置调车信号机之间,如1/3WG。

二、道岔区段的轨道电路

1. 道岔绝缘

道岔区段除了各种杆件、转辙机安装装置等加装绝缘外,还要加装切割绝缘,以防止辙叉使轨道电路短路。根据需要,道岔绝缘可以设在直股,也可以设在弯股。

2. 道岔跳线

为保证信号电流的畅通,道岔区段除轨端接续线外,还需装设道岔跳线。

3. 道岔区段轨道电路的连接方式

(1)串联:这种轨道电路的电流要流经整个区段的所有钢轨,可以检查所有跳线和钢轨的完整,较安全。

(2)并联:因侧线只检查了电压,而没有检查电流,当跳线或连接线折断,列车进入弯股时,弯股并没有设置继电器轨道继电器(GJ)仍在吸起状态,这是其不足的地方。

4. 一送多受轨道电路

设有一个送电端,在每个分支轨道电路的另一端各设一受电端。各分支受电端轨道继电器的前接点,串联在主轨道继电器电路之中。当任一分支分路时,分支轨道继电器落下,其主轨道继电器也落下。使用时,将主轨道继电器的接点用在联锁电路中。在实际中应注意,与到发线相衔接的道岔轨道电路的分支末端,应设受电端;所有列车进路上的道岔区段,其分支长度超过65m时,在该分支的末端应设受电端;一送多受轨道电路最多不应超过3个受电端;任一地点有车占用时,必须保证有一个受电端被分路。

三、极性交叉

1. 概念

极性交叉是指有钢轨绝缘的轨道电路,为了实现对钢轨绝缘破损的防护,要使绝缘节两侧的轨面电压具有不同的极性或相反的相位。

2. 极性交叉的作用

极性交叉可以防止在相邻的轨道电路间的绝缘节破损时引起轨道继电器的错误动作。

对于计数电码、频率电码轨道电路而言,因相邻区端的编码不同,无法实现极性交叉,采用的是周期防护或频率防护的方法。

3. 极性交叉的配置

在一个闭合的回路中,绝缘节的数量必须为偶数才能实现极性交叉,若为奇数,采用移动绝缘节的方法实现。车站内要求正线电码化时,可以将绝缘节移至弯股,并且采用人工极性交叉方式。

四、钢轨绝缘节的设置

钢轨绝缘节的设置,应满足以下基本要求:

(1)道岔区段警冲标的内方,不得小于3.5m,若实在不能满足此要求,则该绝缘节称为侵限绝缘。

(2)两绝缘节应设在同一坐标处,避免产生死区段。错开距离不得小于2.5m。

(3)两相邻死区段间隔,不得小于18m。

(4)信号机处的绝缘节:应与信号机坐标相同。若达不到,应满足:进站、接车进路信号机处,钢轨的绝缘节设在信号机前方1m或后方1m处;出站、发车进路信号机处,钢轨绝缘节可以设在信号机前方1m或后方6.5m范围内;调车信号机处与进站一致,但设在到发线的绝缘节应与出站一致。

(5)半自动闭塞区段的预告信号机处,安装在预告信号机前100m处。

第四节 工频轨道电路

一、工频轨道电路的组成与基本工作原理

1. 组成

工频轨道电路由送电端、受电端、钢轨绝缘、钢轨引接线、轨端接续线、钢轨等组成。

送电端:BG1-50型轨道变压器;R-2.2/220型变阻器。

受电端:BZ4型中继变压器;JZXC-480型轨道继电器(GJ)。

2. 工作原理

工频轨道电路采用交流电源。钢轨中传输的是交流电,继电器接受的交流电,但动作是直流电。轨道电路完整无车占用——GJ↑,其交流电压应在10.5~16V;当轨道电路有车占用时——GJ↓,GJ的交流残压此时应低于2.7V。

图3-2所示为工频连续式轨道电路。

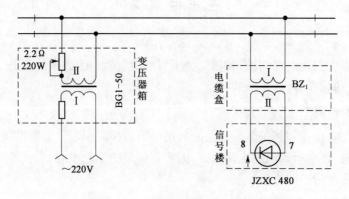

图3-2 工频连续式轨道电路

二、工频轨道电路各部件及其作用

1. 轨道变压器

BG 型轨道变压器主要用于轨道电路供电,其一次侧为 220V,二次侧依据所连接的端子不同,可以获得各种不同的电压值:0.45～10.80V。

2. 中继变压器

中继变压器用于轨道电路的受电端。BZ4 与 JZXC-480 型轨道继电器配合使用,可以使钢轨阻抗和轨道变压器的阻抗相匹配。

3. 变阻器

轨道电路用变阻器为 R-2.2/220 型。其阻值为 2.2Ω,功率为 220W,容许电流为 10A,容许温度为 105℃。

4. 钢轨绝缘

保证相邻轨道电路之间的电气绝缘,同时,在轨道电路区段,其轨距保持杆、道岔连接杆、道岔连接垫板、尖端杆、转辙机的安装以及其他有导电性能的连接两钢轨的配件,均应保持绝缘性能良好。

5. 轨道电路连接线

轨道电路连接线包括:

引接线——连接轨道电路送电端与受电端变压器箱或电缆盒与钢轨的导线,一般用涂有防腐油的多股钢丝绳制成。

钢轨接续线——用于轨道电路接缝处的连接,以减小接触电阻。有塞钉式(现场广泛使用)、焊接式两种。

道岔跳线——连接道岔岔心等处的导线。

6. 扼流变压器

为了保证牵引电流顺利流过绝缘节,在轨道电路的送电端与受电端设置扼流变压器,轨道电路设备通过扼流变压器(图 3-3)接向轨道,并传递信号信息。

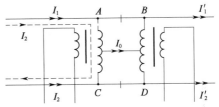

图 3-3 扼流变压器

扼流变压器对牵引电流的阻抗很小,而对信号电流的阻抗很大,沿着两钢轨流过的牵引电流在轨道绝缘处,因上、下线圈中产生的磁通相等但方向相反,总磁通等于零,其对次线圈的信号设备没有任何影响。但若流过两钢轨的牵引电流不平衡,则将产生影响,故必须增设防护设备。

信号电流因极性交叉,在两扼流变压器中点处电位相等,故不会越过绝缘节流向另一轨道电路区段,而流回本区段,在次极感应出信号电流。

三、50Hz 相敏轨道电路

1. 50Hz 相敏轨道电路的组成

50Hz 相敏轨道电路由轨道电源变压器、送电端限流电阻、送电端扼流变压器、受电端轨道变压器、受电端扼流变压器、二元二位轨道继电器组成。

50Hz 相敏轨道电路只能用以检测轨道电路区段是否空闲,不能传输其他信息。因其电源频率较低,传输的损耗也低,因此传输距离较长。

2. 50Hz 相敏轨道电路的特点

(1)提高了绝缘破损的防护性能。
(2)延长了极限长度。
(3)提高了系统的抗干扰能力。

3. 微电子相敏轨道电路特点

返还系数高,机械结构简单,抗干扰能力强。

第五节　数字无绝缘轨道电路

一、概　　述

1. 问题的提出

(1)50Hz 工频轨道电路必须用绝缘节来分割,且只能提供"有车"或"无车"两种信息。
(2)牵引电流对轨道电路的干扰,导致工频轨道电路不能安全、可靠地工作。
(3)在安装分割轨道电路的绝缘节时,不得不锯断钢轨,因而限制了列车速度的提高,而绝缘节易于破损也成为信号技术的多发故障之一。

正因如此,在近年的城市轨道交通信号系统中,工频轨道电路已被无绝缘音频轨道电路所取代。就钢轨本身来说,这并不是一种理想的信息通道。铁制材料对音频信号的衰耗很大,限制了轨道电路的有效长度。此外,用钢轨传送数字信息的数码率也很低,一般仅为 200bit/s 左右。对于站间距离短、车速相对较低的城市轨道交通而言,上述两个问题并不影响系统的使用,而考虑到性能、价格、安全可靠与可用性等诸方面的因素,轨道电路兼具信息通道的优点十分突出,因此用数字编码式音频轨道电路构成的连续式列车速度控制系统,在城市轨道交通中得到了广泛的应用。

2. 原理

在音频信号发送端,电容器 C 及两段钢轨组成 LC 并联谐振电路。在接收端,同样由电容器及两段钢轨组成并联谐振电路,从而使在轨道区段 2 中仅有频率为 5 的信号被选择接收。该轨道区段两侧的 S 型短路钢条的作用之一是确保相邻轨道区段的音频信号互不干扰。另一作用是使两条钢轨可共同平衡地作为牵引电流的回线。

数字编码式音频轨道电路是在音频轨道电路的基础上,加上数码调制构成的。它不仅能使轨道电路的可靠性大为提高,而且可以作为 ATC 系统中地面—车上传递信息的通道。其基本原理是将轨道电路作为双重通道,当轨道电路区段上无车时,轨道电路接收器 R 上有高电平,促使转换开关 S 被吸起,向轨道电路发送检测信号或检测码,此时轨道电路的功能是检测轨道电路空闲,检测结果送往联锁装置;当列车驶入轨道电路区段,接收器 R 上因轨道电路被列车轮对短路而呈低电平,导致转换开关 S 落下,转而发送 ATP 信息电码。此时轨道电路一方面向联锁装置给出轨道电路已被占用的信息,一方面又承担起传送 ATP 信息电码的通道作用。

图 3-4、图 3-5 分别为数字轨道电路结构图和数字轨道系统框图。

在进行线路设计时,根据用户对列车运行密度的要求,将整个线路用无绝缘轨道电路的 S

棒分割成若干个轨道区段,并对所有轨道区段进行统一编号。对线路地形及线路设备进行数字化描述后形成线路地图,存储在轨旁或车载计算机中。为了防止相邻轨道电路音频信号的串扰,同时也为了准确判断列车越过轨道电路边界,相邻数字轨道电路采用不同的载频。列车在线路中运行时,所在的轨道电路会给出占用指示,并作为 ATP 信息的地—车传送通道。此外,轨道电路还用于电气分离的断轨检测。

图 3-4 数字轨道电路结构图

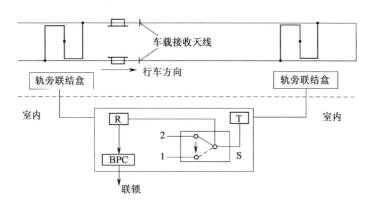

图 3-5 数字轨道系统框图

二、AF-904 系统

1. AF-904 系统功能和硬件结构

AF-904 系统是联锁逻辑处理单元和车载设备之间的通信接口,执行正线区段的轨道占用检测和数字车载信号的传输两大功能。

AF-904 系统设备按地点可分为轨旁设备和信号室内设备两部分。

(1)轨旁设备:由 500MCM 联结器(S 形电缆)、环线和耦合单元三部分组成,在轨道之间或沿轨旁安装。500MCM 联结器被布置成"S"形电缆,其两端被焊接到钢轨上。一匝电线构成的环线与 500MCM 联结器空气耦合,并通过耦合单元、对绞电缆,与轨道电路室内控制柜(TM)的辅助板相连。

(2)信号室内设备:装在 TM 柜内,每个 TM 柜最多可安装 3 个机笼,每个机笼可配置 4 段非冗余轨道电路。每段轨道电路含 2.5 块 PCB 板:一块控制板,它产生具有 ATP 功能的数字编码信息;一块辅助板,对控制板产生的信息放大发送至室外并接收轨道信息;半块电源板,它产生控制板和辅助板工作所需要的电压(两段轨道电路共用一个电源板)。

由于每段轨道电路的应用程序,存在一个独立的位于机笼母板上的 EEPROM 中,这样在定期更换控制板时无需重新设置。使得任何一段轨道电路的单盘都相同。即多段轨道电路的单盘备件只需一块控制板、一块辅助板和一块电源板,使得轨道电路的故障诊断和维护更便捷。

2. AF-904 的工作原理和特性

AF-904 轨道电路采用了 9.5~16.5kHz 频率范围内的 8 种音频信号(频差 1 kHz),频偏为 ±200Hz。这 8 种频率依次命名为 F0~F7,其中,F1、F3、F53 被这 3 种频率配置在西向或是北向的轨道电路,而 F2、F4、F6 这 3 种频率被配置在东向或是南向的轨道电路,剩余的 2 种频率(F0、F7)被保留,用在特殊的工作区域。相邻轨道电路采用不同状态频率组合状态,可有效地防止相邻轨道电路的串音。

AF-904 还具有其他特性:①分路灵敏度(在轨道电路的发射端,接收端和中间点电阻为 0.25Ω);②轨到轨列车检测信号峰—峰值(最小 250mV);③道碴电阻(最小 $2\Omega/km$);④环境温度范围为 $-40 \sim +70℃$。

3. AF-904 轨道电路的信号处理过程

1)功能模块的划分

AF-904 轨道电路基于微处理器,它和联锁之间采用安全的串口通信,在确保软件故障倒向安全的前提下,智能化程度较高。和处理器相连的信号的流程可以分为信息采集和输出模块、信息分析和处理模块、信息通信模块、人机接口模块 4 大功能模块。

①信号的采集和输出模块:主要是位于室外的无源器件,完成发送码和接收码的阻抗匹配功能。

②CPU 处理器:负责完成信息的生成、编码、调制、解调以及通信功能。

③人机接口模块:提供一个接口,为人工操作以及监督提供可视界面。

④通信模块:完成子系统内部以及和其他子系统的通信。

2)信号处理

轨道电路系统中面向对象有三个方面:列车、轨旁接口和轨旁处理器。信号是由轨旁流向列车的,即发码是迎向列车发码的。所以,处理器程序要能根据列车运行方向的变化自动地选择发送端和接收端。另外,处理器程序应该具有如下三方面的能力。

(1)信息编码能力:其信息协议为 8 位报头,37 位数据信息,16 位循环校验位,0~10 位的填充位(全零),形成 61~71 位的信息。

(2)信息接收处理能力:AF-904 以 200bit/s 波特率传送信息。若列车速度为 100km/h,那么 1s 内列车运行 28m,这样,即使在最小的区段(30m)内列车也能收到 2~3 帧信息,确保列车持续地把该轨道的状态及相关的参数读取进程序中,并能结合其他相关的信息作出正确的处理和操作。

(3)能够提供人机接口界面,便于工程人员参与操作。处理器程序还具备升级能力,具有扩展性。把便携机与 AF-904 系统控制板上的 9 芯通信接口(RS-232)相连,可进行处理器程序升级。

第六节 计 轴 器

一、概 述

20 世纪 30 年代,随着欧洲铁路轨枕的钢枕化,代替轨道电路作为铁路区段空闲检查的计轴设备随之出现了。集现代传感技术和计算机技术的优点,计轴设备越来越展现出其无比的优越性和广泛的发展空间,成为当今比较理想的铁路轨道区段、区间的空闲检查设备。

计轴设备的最大优势在于它与轨道状况的无关性,这使其不仅具备检查长轨道区间的能力,而且也解除了长期因道床潮湿和钢轨生锈影响铁路正常运行的困扰。采用计轴设备组成的自动线路空闲检测系统,可以连续并可靠地监视道岔区段、交叉区段或轨道区段的空闲或占用。按照技术和经济原则,计轴设备是目前检测区间所使用的一个有效系统。

二、计轴系统原理

在所监测区段的每一个端口安装一个计轴点。这些计轴点监测在这个轨区段上运行的机车和车辆的轴数及运行方向,每个计轴点通过一根两芯电缆将这些信息传送到计轴评估器;同时,这条电缆也用来向计轴点供电。

计轴系统用于自动监控区间线路和车站线路,将线路空闲检测区段、道岔股道显示"空闲"或"占用"。

计轴系统工作原理:列车从所检测区间的一端出发,驶入区间,经过计轴点时,计轴评估器对传感器产生的轴信号进行处理、判别及计数,此时轨道继电器落下。发车端不断将"计轴数"及"驶入状态"等信息编码传给接车端。当列车驶出区间,经过接车端计轴点时,接车端计数,接车端将"计数"及"驶出状态"传给发车端。当两端对"计轴数"及"驶入、驶出状态"校核无误后方可使两端轨道继电器吸起,给出所检测区间的空闲信号。

三、计轴设备组成

整个计轴系统共分为三个部分:计轴探头、电子连接箱(EAK)、计轴评估器(Axle Counter Evaluator)。其中,计轴探头、电子连接箱及连接电缆组成计轴点装置为室外设备,计轴评估器根据从计轴点传来的信号,比较进入区间和离开区间的轴数是否相同,从而判断区间是否空闲。计轴评估器为室内设备,可通过调制解调器等设备与联锁设备相连。如图3-6所示。

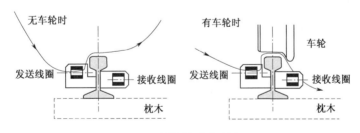

图3-6 计轴设备的构造图

(1)计轴探头。计轴探头实质上是一个基于电磁感应原理的双置传感器,通常固定在钢轨上,发送端位于钢轨外侧,接收端位于钢轨内侧。无列车通过时,产生一定的磁场;当列车通过时,磁场相位受到车轮影响而改变,从而可以判断有车轮通过。为了减小钢轨回流的干扰,在发送端和接收端间还需安装屏蔽板,形状因钢轨而定。

(2)电子连接箱通常安装在钢轨附近,其作用是产生信号,将其发送给计轴探头,并接收发回信号,再经处理后发送给计轴评估器。电子连接箱内还有防雷单元等模块。

(3)计轴评估器。计轴评估器为计轴子系统的运算单元,也是核心单元。其主要功能如下:处理从计轴点传来的信号;比较进入区段的轴数和离开区段的轴数,监测列车的完整性;监控线路区段,给出空闲/占用指示。

第七节 轨道电路常见故障

一、分路不良

分路不良故障是指轨道区段有车占用时,相关的轨道继电器不落下,控制台或显示器对应区段不显示红光带。造成分路不良的主要原因有轨道电路本身的故障、轻车、轨面不清洁或生锈等原因。

(1)当线路出现分路不良的现象时,列车行驶至该区段后,轨道电路不显示红光带,在车站计算机或调度终端上不能监控列车的运行状态,系统不能检测到该段轨道电路被列车占用。

(2)当后续列车接近有列车占用且出现轨道电路分路不良的区段时,列车无法检测到前方轨道有列车占用,不会减速停车,极易造成列车追尾事故的发生。

(3)若分路不良的区段为岔区,当后续列车接近时,系统将自动扳动道岔,排列进路,从而造成道岔上的列车脱轨或颠覆。

因此,发现分路不良时,必须及时报告有关部门,严格执行有关要求,确认列车位置,锁闭有关道岔,确保列车运行和调车作业安全。

分路不良对车站作业的影响主要是安全方面,同样也影响作业效率。

二、红光带

红光带故障指轨道区段没有车占用时,控制台或显示器对应区段显示红光带。造成红光带的主要原因有轨道电路送电电压低、道床潮湿肮脏引起泄漏电流大、轨道电路断线或断轨等。

红光带故障主要影响车站及区间的行车效率。有关人员必须执行非正常情况下的作业办法。

(1)将故障地点和故障现象通知信号维修人员,并及时联系,确认故障原因及恢复时间。

(2)列车司机在行车调度员的授权下,及时转换驾驶模式,确保列车运行安全。

(3)车站有关工作人员按照行车调度员指示,及时转换道岔,开放信号。

思 考 题

1. 轨道电路在轨道交通中的作用是什么?
2. 什么是轨道电路的极性交叉?其有何作用?
3. 道岔区轨道电路的特点是什么?
4. 计轴器的工作原理是什么?
5. 轨道电路的常见故障有哪几种?会对行车有哪些影响和危害?

第四章　车站联锁

> **内容提要**
> 1. 掌握联锁的基本概念；
> 2. 了解联锁图表编制方法；
> 3. 掌握6502电气集中联锁的基本操作方式；
> 4. 掌握计算机联锁的基本结构和操作方式。

第一节　联锁的概念

信号设备是组织指挥列车运行,保证行车安全,提高运输效率,传递信息,改善行车人员劳动条件的关键设施。

继电器、信号机及信号表示器、转辙机、轨道电路等是基础设备,用它们以及计算机等其他设备和器材构成信号系统,完成相应的功能。信号系统可分为车站联锁设备、区间闭塞设备、机车信号和列车运行控制设备、调度监督和调度集中设备。

联锁是保证行车安全的重要技术措施,是指信号设备与相关因素的制约关系。广义的联锁泛指各种信号设备所存在的互相制约关系。狭义的联锁,即一般所说的联锁,专指车站信号设备之间的制约关系。为保证行车安全,联锁关系必须十分严密。

一、联锁概念

车站内有许多线路,它们用道岔连接着。列车和调车车列在站内运行所经过的径路,称为进路。按各道岔的不同开通方向,可以构成不同的进路。列车和调车车列必须依据信号的开放而通过进路,即每条进路必须由相应的信号机来防护。如进路上的道岔位置不正确,或已有列车占用,有关的信号机就不能开放;信号开放后,其所防护的进路就不能变动,即此时该进路上的道岔不能再转换。信号、道岔、进路之间的这种相互制约的关系,称为联锁关系,简称联锁。相关资源见二维码8。

二、联锁道岔

在车站联锁区范围内参加联锁的道岔称为联锁道岔。

1. 道岔的定反位

每组道岔都有两个位置:定位和反位。

确定道岔定位的原则:道岔的定位是指道岔经常开通的位置;反之为反位。

二维码8

2. 联动道岔

排列进路时，几组道岔要定位则都要在定位，要反位则都要在反位，这些道岔称为联动道岔，它们必须同时转换，否则不能保证安全。

复式交分道岔包括两组尖轨和两组可动心轨，需4台转辙机牵引。其中，前一组尖轨和前一组可动心轨联动，后一组尖轨和后一组可动心轨联动。

为了防止侧面冲突，有时需要将不在所排进路上的道岔处于防护位置并予以锁闭，这种道岔称为防护道岔（图4-1）。当向Ⅰ道接发列车（调车）时，16号道岔如在反位，则岔线的机车车辆就有可能进入Ⅰ道的进路，危机行车安全。因此必须将16号道岔锁闭在定位，那么16号道岔就是Ⅰ道的防护道岔。

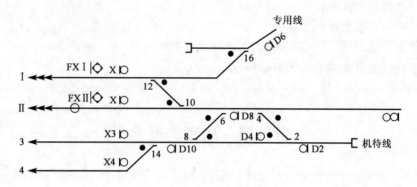

图4-1 防护道岔布置示意图

在实现进路锁闭时，是把同一道岔区段内的所有道岔都锁闭了，但为了满足平行作业的需要，排列进路时需把某些不在进路上的道岔带动至规定位置，并对其锁闭。这种道岔称为带动道岔。

对防护道岔必须进行联锁条件的检查，若防护道岔不在防护位置，则进路不能建立。对带动道岔，无需进行联锁条件检查，能带动到规定位置则带动，带动不到（若它还被锁闭）也不影响进路的建立，它不涉及安全，只是影响效率。

三、进　路

进路是车站内列车或调车车列由一点运行至另一点的全部径路。其中列车用的称为列车进路，调车用的称为调车进路。进路要求其包括的道岔必须处在规定位置。进路包括数个轨道电路区段。

1. 列车进路和调车进路

列车进路分为接车进路、发车进路和通过进路。接车进路是指列车进入车站所经过的进路，始于进站信号机，终于另一端咽喉的出站信号机。发车进路是指列车由车站驶出所经过的径路，起于出站信号机，止于进站信号机（单线区段时）或车站与区间衔接处的绝缘节（复线区段时，在此处设置站界标）。通过进路是指列车经正线不停车通过车站的进路。

调车进路包括单元（短）调车进路和组合（长）调车进路。单元调车进路是指从起始调车信号机开始，到次架阻挡信号机为止的一个调车进路。而长调车进路则是由两个以上的单元调车进路组成的进路。调车进路的"长"与"短"，不是指进路长度的长与短，而是指调车进路中，阻挡信号机是一架还是几架。

2. 基本进路和变通进路

站内由一点向另一点运行有几条径路时,规定常用的一条径路为基本进路。基本进路一般是两点间最近的、对其他进路作业影响最小的进路。此时,基本进路以外的其余进路叫做变通进路(又称迂回进路)。设计变通进路的目的是为了有效地利用车站线路,提高作业效率,增加列车或调车车列运行的灵活性。当正常行车线路上的道岔发生故障、轨道电路被占用或故障等原因不能开通基本进路时,可以开通变通进路,使列车或调车车列迂回前进而不致受阻。

3. 敌对进路

同时行车会危及行车安全的任意两条进路是敌对进路。下列进路规定为敌对进路:

(1)同一到发线上对向的列车进路与列车进路。

(2)同一到发线上对向的列车进路与调车进路。

(3)同一咽喉区内对向重叠的列车进路或调车进路。

(4)同一咽喉区内对向重叠或顺向重叠的列车进路与调车进路。顺向重叠进路指两条方向相同、互相间有部分或全部重合的进路。

(5)进站信号机外方制动距离内接车方向为坡度超过0.6%的下坡道,而在该下坡道方向的接车线末端没有线路隔开设备时,该下坡道方向的接车进路与另一端咽喉的接车进路、非同一到发线顺向的发车进路以及另一端咽喉的调车进路。

(6)防护进路的信号机设在侵限绝缘处,禁止同时开通的进路。

四、联锁的基本内容与技术条件

联锁的基本内容包括:防止建立会导致机车车辆相冲突的进路;必须使列车或调车车列经过的所有道岔均锁闭在与进路开通方向相符合的位置;必须使信号机的显示与所建立的进路相符。

联锁基本的技术条件:进路上各区段空闲时才能开放信号;进路上有关道岔在规定位置且被锁闭,才能开放信号;敌对进路已建立时,防护该进路的信号机不能开放。

第二节 联锁图表的编制

一、信号平面布置图

(1)线路布置和编号。

正线采用罗马数字编号,下行为奇数,上行为偶数。站线依次编号,上面为奇数,下面为偶数。

(2)道岔、信号机、轨道电路区段、信号表示器编号及符号。

道岔:下行咽喉为奇数,上行咽喉为偶数,从进站方向依次增加。

信号机:进站信号机以咽喉命名,分别为x,s。

出站信号机:以列车运行方向,加股道号,如x2或s5。

调车信号机:下行咽喉为奇数,上行咽喉为偶数,由站外向站内依次进行编号。如D1,D3,D5。

(3)运行的方向。以单方向箭头和双方向箭头表示。

(4)信号楼中心公里标,道岔、信号机距信号楼的距离,以表格形式或直接在平面图中进行标注。

(5)进站信号机外方下坡道的换算坡度数。应标明坡度数。

二、联 锁 表

联锁表是根据车站信号平面布置图所展示的线路、道岔、信号机、轨道电路区段等情况,按规定的原则和格式编制的。联锁表以进路为主体,逐条地把排列进路、需顺序按压的按钮、防护该进路的信号机名称和显示、进路要求检查并锁闭的道岔编号和位置、进路应检查的轨道电路区段名称,以及与所排进路敌对的信号填写清楚,如图4-2所示。

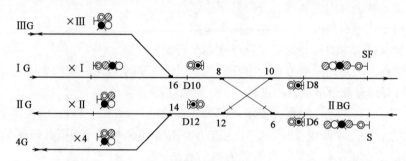

图4-2 联锁表示意图

(1)方向栏。填写进路性质(通过、接车、发车、转场、调车或延续进路)和运行方向。

(2)进路号码栏。按全站列车进路和调车进路顺序编号,亦可按咽喉区、场分别编号。通过进路由正线接、发车进路组成,不另编号,仅将接、发车进路号码以分数形式填写。例如,接车进路号码为2,发车进路为8,通过进路就写作"2/8"。

(3)进路栏。逐条列出列车及调车的基本进路。在较大车站,列车进路同时存在两种以上方式时,除列出基本进路外,还需推荐一条变通进路作为第二种进路方式。

①列车进路:如将列车接至某股道时,记作"至×股道";列车由某股道发车时,记作"由×股道"。由某信号机发车时,记作"由×信号机";通过进路应记作"经×股道向××方向通过"。

②调车进路:如由D_{xx}信号机调车,记作"由D_{xx}";调车至另一顺向调车信号机,记作"至D_{xx}";调车至股道,记作"至×股道";向尽头线、专用线、机务段、双线出站口等处调车时,分别填记由各线向集中区调车的调车信号机名称,记作"向D_{xx}";当进站信号机内方仅能作调车终端时,应记作"至×进站信号机"。

③延续进路:区间接近车站一端接车方向有超过6‰的下坡道而接车线末端又无隔开设备时,有下坡道的一端向某股道接车进路的延续进路应列出,并按接车进路方式检查延续进路上的全部道岔位置、轨道电路区段和敌对信号。

当向某股道接车进路末端有多条延续进路时,应列出其推荐的进路。延续进路编号由接车进路号码和接车进路的第×条延续进路号码组成排列进路,由按下按钮栏相关按钮操作完成。填写排列该进路时,需按下按钮名称。

确定运行方向道岔栏。当有两种以上方式运行时,为了区别开通的进路,应填写关键对向道岔的位置。

（4）信号机栏。填写排列该进路时开放的信号机名称及其显示。色灯信号机按显示颜色表示,进路表示器一般以左、中、右区分,如超过三个方向,以两组进路表示器组合后的灯位分别表示。

（5）道岔栏。顺序填写进路中所包括的全部道岔及防护和带动道岔的编号、位置。其填写方式如:1/3 表示将 1/3 号道岔锁在定位;(5/7)表示将 5/7 号道岔锁在反位;[9/11]表示将 9/11 号道岔防护在定位;[(9/11)]表示将 9/11 号道岔防护在反位;{(27)}表示将 27 号道岔带动到反位。

（6）敌对信号栏。填写排列该进路的全部敌对信号。

（7）轨道电路区段栏。顺序填写排列进路时须检查空闲的轨道电路区段名称。

（8）迎面进路栏。填写同一到发线上对向列车、调车进路的敌对关系,以线路区段名称表示。

第三节　联锁类型

一、电锁器联锁

电锁器联锁是一种非集中联锁设备,它用电锁器实现主要联锁关系。由带电锁器的道岔握柄与转换锁闭器配合,用人力在现场就地分散操纵道岔。信号机可采用色灯信号机、臂板信号机或电动臂板信号机。采用色灯信号机的电锁器联锁称为色灯电锁器联锁。采用臂板信号机的电锁器联锁称为臂板电锁器联锁。采用电动臂板信号机的电锁器联锁称为电动臂板电锁器联锁。臂板电锁器联锁的信号机由车站值班员控制,扳道员在现场操纵。色灯电锁器联锁和电动臂板电锁器联锁的信号机,由车站值班员通过控制台操纵。

电锁器联锁作业效率低,安全程度差,行车人员劳动强度大,而且无法与现代化信号系统相结合。

二、电气集中联锁

用电气器件集中控制和监督全站的道岔、进路和信号机,并实现它们之间联锁的设备称为电气集中联锁设备,简称电气集中。若是用继电器组成的电路来进行控制并实现联锁的设备,称为继电集中联锁。目前电气集中多为继电式的,故通常所说的电气集中,指的就是继电集中联锁。电气集中联锁采用色灯信号机,道岔由转辙机转换,进路上所有区段均设有轨道电路,在信号楼或车站值班员室进行集中控制和监督。

由于电气集中把全部道岔、进路和信号集中起来控制和监督,在一定程度上实现了站内行车指挥的自动控制,能准确及时地反映现场行车情况,不再需要分散控制时所需的联系时间,而且完全清除了因联系错误而引起的事故,因而大大提高了行车安全程度和作业效率,并且极大地改善了行车人员的劳动条件。电气集中联锁具有操作简便、办理迅速、表示完善、安全可靠等一系列优点,是实现信号系统现代化的重要基础设备。电气集中联锁已十分普及,只要具备取得可靠交流电源的车站都采用了电气集中联锁。

三、继电集中联锁

6502 电气集中被认为是较好的定型电路,因而得到广泛应用。

1. 6502 电气集中的主要技术特征

6502 电气集中是组合式电路。即以道岔、信号机和轨道电路区段为基本单元设计成定型的单元电路，称为继电器组合，简称组合。将各种组合按站场形状拼装起来即成为组合式电路。组合式电气集中具有简化设计、加速施工、工厂预制、便于维修等优点。6502 电气集中几乎是用定型组合拼成的，只需设计少量零散电路。

6502 电气集中采用双按钮选路方式，只需按压两个进路按钮，就能转换道岔、开放信号，而且不论进路中有多少组道岔均能一次转换，简化了操作手续，提高了效率。6502 电气集中采用逐段解锁方式。它把进路分为若干段，采用多次分段解锁的方式，即列车或调车车列出清一段解锁一段，以提高车站作业效率。6502 电气集中结构示意图如图 4-3 所示。

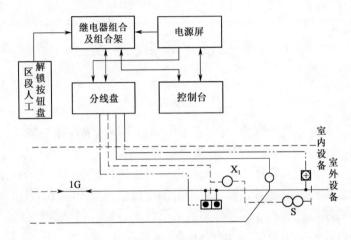

图 4-3　6502 电气集中结构示意图

2. 6502 电气集中的基本工作原理

6502 电气集中电路的动作层次是：先选择进路，再锁闭进路，然后开放信号，最后是解锁进路。

6502 电路是继电逻辑电路，包括网状电路和局部电路。网状电路的形状与站场形状相似。6502 电路分为选择组电路和执行组电路两大部分。

选择组电路由记录电路和选路网路组成，主要用来记录车站值班员按压按钮的动作，按要求自动选通所需进路，并将操作意图传给执行组电路。

所有联锁关系，包括检查道岔位置正确、轨道电路区段空闲且锁闭、敌对进路未建立且锁闭在未建立状态，都由执行组网状电路完成。经检查联锁关系正确后，锁闭进路，开放信号。各种解锁条件的检查也通过网状电路进行。

继电集中联锁性能较稳定，得到了普遍采用。但其由继电器组成逻辑电路，难于表达和实现复杂的逻辑关系，因而功能不够完善，安全性尚有欠缺，不便于与现代化信息系统联网，经济上没有优势，势必为更高层次的联锁设备——计算机联锁所逐渐取代。

3. 电气集中联锁控制台操作

（1）办理进路。6502 电气集中采用双按钮选路方式，即只需在控制台上顺序按压进路的始端和终端按钮，就能够按照操作意图自动转换道岔、锁闭进路、开放信号，而且不论进路中有多少道岔,均能自动转换,简化了操作手续,提高了效率。

(2)进路的"取消解锁"。为了办理进路的"取消解锁",控制台下方设置有总取消按钮。

(3)进路的"人工解锁"。控制台下方设置带有铅封的总人工解锁按钮,用于办理"人工解锁"。

(4)单独操纵道岔。当有关道岔区段未处于锁闭状态时,可以单独转换道岔,同时按压道岔按钮和"道岔总定位"按钮,道岔转换至定位,道岔表示灯显示绿灯;同时按压道岔按钮和"道岔总反位"按钮,道岔转换至反位,道岔表示灯显示黄灯。

(5)切断报警。当发生挤岔、跳信号、主灯丝断丝等故障时,6502电气集中控制台有声光报警,对于每种故障均设置有二位非自复式按钮,用于切断声音报警。

四、计算机联锁

随着微机技术的迅速发展,尤其是对于可靠性技术和容错技术的深入研究,出现了计算机联锁。计算机联锁由微型计算机和其他一些电子、继电器件组成,是具有故障—安全性能的实时控制系统。它与继电集中联锁相比具有十分明显的技术经济优势,无论在安全性、可靠性、经济性等方面都是继电集中联锁无法比拟的,而且设计、施工、维修和使用更为方便。它具有广阔的发展前景,被认为是车站联锁设备的发展方向。目前,计算机联锁已经成为一些铁道及城市轨道交通线路的主要联锁设备,今后在新线建设和既有线改造中限制发展继电集中联锁,必须采用计算机联锁。

1. 计算机联锁的技术特征

计算机联锁是以微机为核心构成的联锁控制系统,它与继电集中联锁相比,主要区别是:利用微型计算机对车站值班员的操作命令和现场监控设备的表示信息进行逻辑运算后,完成对信号机、道岔及进路的联锁和控制,全部联锁关系由微型计算机及其程序完成。

微型计算机发出的控制命令和现场发回的表示信息,可能由传输通道串行传输,可节省大量的干线电缆,并使采用光缆传输成为可能。

用屏幕显示代替表示盘,大大缩小了体积,丰富了显示内容,简化了结构,方便使用。采用积木式的模块化硬件和软件设计,便于站场变更,并易于实现故障检测分析功能。

2. 计算机联锁优点

进一步提高了安全性、可靠性;增加和完善了联锁功能;方便设计;省工省料,降低造价。

3. MICROLOK Ⅱ 联锁系统

MICROLOK Ⅱ型计算机联锁系统为US&S公司所研制,系统为双机热备方式。MICROLOK Ⅱ是基于安全微处理器的计算机系统和接口/通信系统。它被用作安全联锁控制器和AF904型轨道电路的串行通信中介。

1)系统组成

US&S的ATC安全轨旁逻辑控制,完成安全联锁控制逻辑和速度逻辑,使用MICROLOK Ⅱ系统,由安全微处理器实现。MICROLOK Ⅱ系统安装在轨旁和指定区域的信号设备室(SER)中。

MICROLOK Ⅱ是一个安全的、基于微处理器的用轨旁联锁逻辑执行安全功能的专用计算机系统。该系统基于专用的安全结构,结构具有软件的差异性和可诊断性。该系统执行安全的联锁逻辑功能,驱动所有安全的I/O设备,采用安全的串口通信协议与相邻的MICROLOK Ⅱ系统和其他的子系统接口通信。

每个车站的 MICROLOK Ⅱ 系统由 4 个 MICROLOK Ⅱ 单元组成。

MICROLOK Ⅱ 单元分为处理安全信号的"IMLK"(联锁 MICROLOK Ⅱ)和"TMLK"(轨道 MICROLOK Ⅱ)两种。

"联锁 MICROLOK Ⅱ"完成在联锁区域内对于道岔和信号机的控制,专门用来为轨旁联锁逻辑(转辙机控制和通信,信号机控制和通信等)执行安全功能,是在轨旁系统配置中主要涉及安全的子系统。此系统由 68322 安全微处理器单板机控制,并基于一种特定的安全结构,软件多样,且带有诊断功能。与联锁设备的接口,通过专门的 I/O 板(继电器、信号机等)来处理。在每个集中站,完成所有速度数据逻辑并实现与 AF-904 轨道电路的数据通信。

任何必需的安全输出,都通过与 MICROLOK Ⅱ 并口相连的安全型继电器实现。采取控制动作所需要的信息,例如来自相邻 SER 的进路信息等,都通过安全串行链路获得。

"轨道 MICROLOK Ⅱ"是联锁 MICROLOK Ⅱ 单元的从单元,实现串行通信,来与 AF-904 型轨道电路进行数据通信,完成速度数据逻辑控制。AF-904 型数字轨道电路用于确定轨道占用,并将此信息传送到 MICROLOK Ⅱ 系统,以进行控制中心的安全处理和通信。该串行通信连接由 MICROLOK Ⅱ 系统来进行管理。在这些单元中,基于 68332 的 CPU 板提供了串行通信通道和相关软件,并且不使用 I/O 板。

2) MICROLOK Ⅱ 单元组成

每个 MICROLOK Ⅱ 单元用一个机箱来安装 CPU 印制电路板、多块安全的 I/O 电路板、电源板、通信接口板、多块非安全的 I/O 电路板。

根据需要可配置总共 4 个串口作为主串口或从串口。机箱支持 12 块带地址的安全 I/O 板。串行 RS 232 口作为诊断编程的接口。

USSI PN 系列安全型插入式继电器用于 MICROLOK Ⅱ 单元和轨旁设备间的接口以及地面检测电路。

3) MICROLOK Ⅱ 系统冗余

MICROLOK Ⅱ 系统的每个现场设备点都由一个常规单元和一个后备单元构成。其中,一个处于常规运行状态,而另一个作为冗余备用。当在线系统发生故障时,备用系统会自动变成在线系统。在线单元将监视备用单元的性能状况,如果备用单元不可用,将报警发往控制中心,本地显示器上也有显示。在线和备用单元之间的故障导向安全也可通过控制器上的硬件复位设备手动完成。复位一个特定的单元还可在应用程序中通过软件复位来实现。当在线单元上的安全串口通信失败时,利用这一设备将在线单元转为备用单元。

在不同等级上实现轨旁 ATC 系统的冗余。MICROLOK Ⅱ 系统的运行监督功能能在故障时导向备用单元,以保证系统的可用性。当 MICROLOK Ⅱ 系统发生安全失效时,AF-904 设备将切断串行通信链路,导致系统降级到最限制状态。系统失效时,所有的速度命令都强置为零。备用系统在条件允许时即可接替失效系统。错误日志特性对 MICROLOK Ⅱ 是有用的,系统可利用它来诊断故障。非安全逻辑模拟器工作站(NVLE)有一个内置的数据日志功能。所有基本的数据都记录在日志中用于排除故障和进行系统维护。

轨旁 ATC 系统的设备配置具有很高的可用性。MICROLOK Ⅱ 和 NVLE 子系统按冗余方式配置。这些子系统采用模块化结构,能够在最短的时间内很方便地更换。MICROLOK Ⅱ 的电源也是冗余的。

4) 非安全逻辑模拟器工作站(NVLE)

每个集中站的设备室还安装有两台 NVLE 工作站,工作站含有处理系统通信用的非安全逻辑软件,提供与 MICROLOK Ⅱ 的通信接口,以便交换非安全控制和指令信息。非安全逻辑模拟器直接连接到 MICROLOK Ⅱ 子系统和 TWC 轨旁调制解调器来进行通信。

非安全逻辑模拟器提供与 MICROLOK Ⅱ 的通信接口,以便交换非安全控制和指令信息。

在正常操作中,NVLE 通知 MICROLOK Ⅱ 由控制中心确认的进路,或直接由控制中心选择进路。NVLE 的应用程序允许在控制中心离线时,自动排列列车进路。NVLE 处于控制时,它将需要的信息传送给 MICROLOK Ⅱ 和控制中心。

5) 系统功能

联锁控制;数字数据传输;当列车执行进入/退出;区域速度限制;终点站作业和折返作业;列车间隔;排列进路。

4.计算机联锁操作

(1) 办理进路。先点压始端信号按钮,再点压终端按钮,相应的信号名称闪光,屏幕下端提示首端到终端信号名称的显示。如果满足选路条件,则开始转换道岔,锁闭进路,开放信号。若条件不满足,则会显示条件不满足的提示。

(2) 单独操纵和单独锁闭道岔。道岔区段在解锁状态时,可以办理单独操纵道岔。同时点压"总定位"(总反位)和道岔按钮,屏幕提示操纵的道岔号。在道岔转换过程中,屏幕中道岔岔尖闪白光,同时道岔号显示黄色。

(3) 封闭信号和封闭道岔。先按封闭按钮,再按压信号按钮或道岔按钮,这时信号机显示白色方框,道岔名显示白色,表示信号机按钮不能再进行操作,也不能在通过该道岔排进路。

(4) 进路的"取消解锁"和"人工解锁"。在进路排列中,需要变更进路时,在进路未锁闭前可点压咽喉的"总人解"或"总取消",然后还需点压"清按钮"。

(5) 对于带铅封按钮的操作。对于涉及行车安全需要慎重使用的,需要输入口令才能进行操作,微机自动记录,并且在屏幕提示栏有记录显示。

思 考 题

1. 联锁的基本技术条件是什么?
2. 6502 型集中联锁的动作顺序是什么?
3. 简述 MICROLOK Ⅱ 的单元组成。

第五章 区间闭塞

内容提要
1. 了解列车定位技术的分类;
2. 掌握固定闭塞、准移动闭塞和移动闭塞的原理;
3. 掌握无线移动通信、查询应答器定位;
4. 掌握移动闭塞与固定闭塞的区别;
5. 掌握移动闭塞列车行车间隔的分析。

第一节 闭塞技术的发展

所谓区间,是指两个车站之间的轨道交通线路。用信号或凭证,保证列车按照空间间隔制运行的技术方法称为行车闭塞法,简称闭塞。用以完成闭塞作用的设备称为闭塞设备。

最初采用的闭塞制度是时间间隔法,即前行列车和追踪列车之间必须保持一定时间间隔的行车方法。当先行列车出发后,经过一定的时间,才允许后续列车出发。电报和电话应用于行车即所谓电报或电话闭塞,曾起过重要的作用。但当联系错误时,会危及行车安全,必须采用两站间闭塞设备互相联锁的办法,即空间间隔法。空间间隔法是控制前行列车和追踪列车之间保持一定距离的行车方法。一般以相邻两车站之间作为一个区间,或将区间的线路划分为若干个独立的闭塞分区,一个区间或一个闭塞分区同时只能允许一列列车运行,因此能保证行车安全。它与时间间隔法相比,是一个很大的进步。

行车闭塞制式经历了电报或电话闭塞、路签或路牌闭塞、半自动闭塞、自动闭塞的发展过程。目前多采用自动闭塞,电话闭塞则是当基本闭塞设备不能使用时,根据列车调度员的命令所采用的代用闭塞方法。

路签(牌)闭塞是以路签(牌)作为占用区间的凭证,相邻两站都设有电气路签(牌)机,非经两站同意,并办理一定手续,不能从中取出路签(牌);在取出一个路签(牌)后,不能取出第二个。这就保证了同时只有一列列车在区间内运行。

半自动闭塞是以出站信号机显示的进行信号作为列车占用区间的凭证,发车站的出站信号机或线路所的通过信号机必须经两站同意,办理闭塞手续后才能开放,列车进入区间后自动关闭;而且在列车未到达接车站以前,向该区间发车用的所有信号都不得开放,这就保证了两站间的区间内同时只有一列列车运行。

自动闭塞是在列车运行中自动完成闭塞作用的,它将一个区间划分为若干个闭塞分区,每个闭塞分区的起点装设通过信号机,通过检测列车占用轨道的情况,自动控制通过信号机的显示。这种方式不需要办理闭塞手续,又可开行追踪列车,既保证了行车安全,又提高了运输效率。自动闭塞比其他闭塞方式都要优越,是一种先进的闭塞方式。我国以前运用的自动闭塞主要是交流计数电码自动闭塞、极性频率脉冲自动闭塞(简称极频)、移频自动闭塞三种。

采用半自动闭塞,在一定程度上保证了行车安全,但不能充分发挥线路的能力。由于区间没有空闲检查设备,须由人工确认列车的整列到达,尤其是事故复原的安全操作得不到保证,所以,行车安全程度不高,并影响运输效率。

自动闭塞是根据列车运行及有关闭塞分区状态,自动变换通过信号机显示而司机凭信号行车的闭塞方法。自动闭塞是在列车运行过程中自动完成闭塞作用的。它将一个区间划分为若干小段,即闭塞分区,在每个闭塞分区的起点装设通过信号机,用以防护该闭塞分区。每个闭塞分区内都装设轨道电路(或计轴器等列车检测设备),通过轨道电路将列车和通过信号机的显示联系起来,根据列车运行及有关闭塞分区的状态使通过信号机的显示自动变换。因为闭塞作用的完成不需要人工操纵,故称为自动闭塞。

自动闭塞不需要办理闭塞手续,并可开行追踪列车,既保证了行车安全,又提高了运输效率。和半自动闭塞相比,自动闭塞有以下优点:

(1)由于两站间的区间允许续行列车追踪运行,就大幅度地提高了行车密度,显著地提高了区间通过能力。

(2)由于不需要办理闭塞手续,简化了办理接发列车的程序,因此既提高了通过能力,又大大减轻了车站值班人员的劳动强度。

(3)由于通过信号机的显示,能直接反映运行前方列车所在位置以及线路的状态,因而确保了列车在区间运行的安全。

(4)自动闭塞还能为列车运行超速防护提供连续的速度信息,构成更高层次的列车运行控制系统,保证列车高速运行的安全。

第二节 列车定位技术

轨道交通列车运行密度高、车站间距近,对安全性要求高,列车自动控制系统及列车本身需要实时了解列车在线路中的精确位置,分布于轨旁和列车上的列车自动控制系统,根据线路中列车的相对位置,实时动态地对每一列车进行监督、控制、调度及安全防护。在保证列车运行安全的前提下,最大限度地提高系统的效率,为乘客提供最佳的服务。

由于城市轨道交通中列车的运行路线比较固定,而且比较简单,基本上可以看作一维的,只要测量出列车运行的距离就可以确定列车的位置。

城市轨道列车速度不是很高,一般不超过80km/h。但城市轨道交通中CBTC系统的应用和发展,移动自动闭塞的实现,使列车之间的追踪间隔越来越小,一般能到90s,未来会更小。因此,测速定位的实时性和精确度就显得更加重要。

城市轨道的路面情况没有铁路复杂,但也有很多的不确定因素,对雷达测速有一定的随机干扰(白色和有色噪声)。城市轨道交通与铁路一样存在轮对空转和滑行等情况,轮轴测速传感器测速也因此受到影响。测量加速度,由于列车的振动等也会有测量误差。所以要进行多传感器信息融合,使各个传感器能互补缺点。

列车位置信息在列车自动控制技术中具有重要的地位,几乎每个子功能的实现,都需要列车的位置信息作为参数。所以说列车定位是列车控制系统中一个非常重要的环节,它的引入,使得基于调度指挥和行车控制一体化自动化系统成为可能,更加有效地提高行车效率和安全度。随着工程技术的发展，人们提出了多种列车定位技术，目前常用的有以下几种：

(1)基于轨道电路的列车定位。

基于轨道电路的列车定位是一种粗精度检测列车位置的方式。

(2)基于里程计累加测距的列车定位。

列车上的里程计是根据记录车轮的累计转数，再乘其周长而计算出列车行驶过的里程。所以，里程计可以用作列车的定位系统。而且，用里程作为列车定位系统时，没有数据冗余，不会增加数据处理及通信的额外负担。使用里程计定位时的误差主要来自以下两个方面：计数误差(空转、滑行、蠕滑)和轮径磨耗。

(3)基于查询/应答器的列车定位。

基于查询/应答器的列车定位是世界铁路上运用最为广泛的一种方式，一般由车载查询器、地面应答器和轨旁电子单元组成。应答器被以一定间隔距离设置在铁路沿线上，列车每经过一个地面应答器，车载查询器就会读取存储其上的数据信息，实现列车的点式定位。查询/应答器定位方式的优点是在地面应答器安装点的定位精度较高，在复线铁路上可以正确区分列车的行驶股道，维修费用低、使用寿命长且能在恶劣条件下稳定工作；其缺点是只能给出点式定位信息，存在设置间距和投资规模的矛盾。目前一般采用混合定位法，即与里程计累加测距联合使用。

(4)基于测速的列车定位。

由于轨道线路是一维的，只要检测出列车的行驶速度，经过计算得出行驶的里程，就可确定列车在轨道线路上的具体位置。列车的行驶速度既可以采用加速度传感器(陀螺仪)测量列车在三维空间的加速度，然后通过积分计算获得；也可以通过多普勒雷达测速方式测量。基于测速的列车定位是一种典型的增量式相对定位，其缺点是存在累计误差，在定位精度要求较高的地点，可以通过加标志位(如查询应答器)的方法，不断校正其位置信息。

(5)基于卫星系统的列车定位。

通过在列车上安装 GPS 接收机，接收太空中 4 颗以上卫星信号，根据这些信号及信号传输过程中的时间延迟或相位延迟，计算出三维空间中列车所处的绝对位置。利用 GPS 实现列车定位，优点是设备简单，接收机技术成熟，成本低，体积小，维护方便。但也存在不少缺点：目前运动定位精度远低于静止定位精度，在并行线路上易发生认错股道的现象。接收器处应有开阔的天空，视场内阻碍物的高度的仰角应小于150°，以减弱对流层对卫星信号折射的影响。

总地来说，在城市轨道交通中，列车处在林立的高楼之间，卫星定位的精度受到很多因素的影响。地铁在地面的遮蔽下，根本无法接收到卫星信号。因此，卫星定位技术在城市轨道交通特别是在地铁的列车定位系统中无法充当主要角色。

(6)基于无线通信的列车定位。

在列车和铁路沿线上设置扩频无线电设备，利用先进的无线扩频通信、伪码测距和计算机信息处理技术，可以实现对列车的实时定位、跟踪。无线扩频列车定位的优点是定位比较精确，但需要在沿线设置专用扩频基站，投资成本较高。

(7)基于感应回线的列车定位。

在轨道线路上铺设等距交叉的电缆，当列车经过每个电缆交叉点时，车载设备检测到回线内信号的极性变化，并对极性变化的次数进行计数，从而确定列车已行驶距离，达到列车定位的目的。

交叉感应回线定位方式成本较低，实现也比较简单，但只能实现列车的相对定位，每隔一段距离就要对列车的位置进行修正,而且定位精度受交叉区长度的限制,如果交叉区比较窄,位置脉冲漏计的可能性将增大。

除上述常用的列车定位技术外,科技工作者经过不懈努力在新型列车定位方法研究方面,近年来提出了一些各具特色的定位方法,如利用接触网定位器辅助列车定位;以及通过电涡流传感器检测铁路线路沿线,由钢轨扣件和道岔产生的非均质特性随机信号,进行列车的测速和定位。

第三节 自动闭塞原理

一、自动闭塞的基本原理

自动闭塞通过轨道电路(或计轴器等列车检测设备)自动地检查闭塞分区的占用情况,根据轨道电路的占用和空闲状态,通过信号机自动地变换其显示,以指示列车运行。

二、自动闭塞的分类

自动闭塞一般可根据运营上和技术上的特征进行分类。
(1)按行车组织方法可分为单向自动闭塞和双向自动闭塞。
(2)按通过信号机的显示制式可分为三显示自动闭塞和四显示自动闭塞。
(3)按设备放置方式可分为分散安装式自动闭塞和集中安装式自动闭塞。
(4)按传递信息的特征可分为交流计数电码自动闭塞、极频自动闭塞和移频自动闭塞等。
(5)按是否设置轨道绝缘分为有绝缘自动闭塞和无绝缘自动闭塞。
另外,还有采用计轴电路来检测列车占用和出清闭塞分区的计轴闭塞。

三、自动闭塞系统的信息特征和传递原理

首先要了解这种自动闭塞的信息特征、信息量、传递信息的方法等,然后再学习有关单元电路的动作原理,这样就很容易掌握各种制式的自动闭塞系统。

(1)交流计数电码自动闭塞。交流计数电码自动闭塞是以钢轨作为通道传递交流脉冲,以脉冲的数目来控制地面和机车信号显示的一种自动闭塞制式。采用交流脉冲是为了便于向机车上传递信息,另一方面也是为了抗干扰的需要。交流信号的频率有50,25,75 三种。

(2)极性频率脉冲自动闭塞是以钢轨作为传输通道,以传输不同极性频率脉冲的信息,控制地面信号机显示,并通过机车感应线圈控制机车信号的显示。

(3)移频自动闭塞。移频自动闭塞是频率调制式,它的载频信号的频率随调制信号脉冲和间隔而改变,当调制信号输出脉冲时,载频信号频率为f_1;当调制信号间隔时,载频信号的频率为f_2。钢轨线路传送的是一种由f_1和f_2交替变换的移频波,其交替变换的速率即调制信号频率。移频自动闭塞就是向轨道传输不同的调制信号频率作为信息,以控制通过信号机的显示。

四、固定闭塞

列控系统采取分级速度控制模式时,采用固定闭塞方式。运行列车间的空间间隔是若干个闭塞分区,闭塞分区数依划分的速度级别而定。一般情况下,闭塞分区是用轨道电路或计轴

装置来划分的,它具有列车定位和占用轨道的检查功能。固定闭塞的追踪目标点为前行列车所占用闭塞分区的始端,后行列车从最高速开始制动的计算点为要求开始减速的闭塞分区的始端,这两个点都是固定的,空间间隔的长度也是固定的,所以称为固定闭塞。

五、准移动闭塞

准移动闭塞方式的列控系统采取目标距离控制模式(又称连续式一次速度控制)。目标距离控制模式根据目标距离、目标速度及列车本身的性能确定列车制动曲线,不设定每个闭塞分区速度等级,采用一次制动方式。准移动闭塞的追踪目标点是前行列车占用闭塞分区的始端,当然会留有一定的安全距离;而后行列车从最高速开始制动的计算点,根据目标距离、目标速度及列车本身的性能计算确定。目标点相对固定,在同一闭塞分区内不依前行列车的走行而变化。制动的起始点随线路参数和列车本身性能的不同而变化。由于空间间隔的长度不固定,但要与移动闭塞相区别,所以,称为准移动闭塞。显然其追踪运行间隔要比固定闭塞小一些。一般情况下,闭塞分区是用轨道电路或计轴装置划分,它具有列车定位和占用轨道的检查功能。

六、移动闭塞方式

移动闭塞方式的列控系统也采取目标距离控制模式(又称连续式一次速度控制)。目标距离控制模式根据目标距离、目标速度及列车本身的性能确定列车制动曲线,采用一次制动方式。移动闭塞的追踪目标点是前行列车的尾部,会留有一定的安全距离;后行列车从最高速开始制动的计算点,根据目标距离、目标速度及列车本身的性能计算确定。目标点是前行列车的尾部,与前行列车的走行和速度有关,随时变化,制动的起始点随线路参数和列车本身性能的不同而变化。由于空间间隔的长度不固定,所以,称为移动闭塞。其追踪运行间隔要比准移动闭塞更小一些。移动闭塞可采用无线通信和无线定位技术来实现,也可用有线方式来实现。

第四节 移动闭塞技术

一、移动闭塞原理

移动闭塞是一种新型的闭塞制式,是实现CBTC的关键技术之一,CBTC是这种闭塞制式的应用系统。移动闭塞是基于区间闭塞原理发展起来的一种新型闭塞技术。它与固定闭塞相比,具有诸多技术优点,最显著的特点是取消了以信号机分隔的固定闭塞区间。列车间的最小运行间隔距离由列车在线路上的实际运行位置和运行状态确定,所以闭塞区间随着列车的行驶,不断地向前移动和调整,故称为移动闭塞。CBTC是未来轨道交通自动化控制发展的方向,而移动闭塞技术代表了未来闭塞制式的发展方向。

三显示自动闭塞就是通过信号机的三种显示,能预告列车前方两个闭塞分区状态的自动闭塞。其特征为:通过信号机的三种显示,能预告列车前方两个闭塞分区状态;分两个速度等级,一个闭塞分区的长度应满足从规定速度到零的制动距离。

四显示自动闭塞就是通过信号机的四种显示,能预告列车前方三个闭塞分区状态的自动闭塞。其特征为:通过信号机的四种显示,能预告列车前方三个闭塞分区状态;分三个速度等级,两个闭塞分区的长度应满足从规定速度到零的制动距离。

多信息自动闭塞也称多显示自动闭塞,是对四显示及以上自动闭塞的统称。多于四显示时,往往地面通过信号机不具备多显示的条件,而以机车信号显示为主。

1. 固定闭塞的工作原理

采用固定闭塞方式的列控系统采取分级速度控制模式。运行列车间的空间间隔是若干个闭塞分区,闭塞分区数依划分的速度级别而定。一般情况下,闭塞分区用轨道电路或计轴装置来划分,它具有列车定位和占用轨道的检查功能。固定闭塞的追踪目标点,为前行列车所占用闭塞分区的始端,后行列车从最高速开始制动的计算点,为要求开始减速的闭塞分区的始端,这两个点都是固定的,空间间隔的长度也是固定的,所以称为固定闭塞。

下面以三显示自动闭塞为例说明固定闭塞的工作原理。

三显示自动闭塞通过信号机的显示意义是:

——一个绿色灯光——准行信号,准许列车按规定速度运行,表示运行前方至少有两个闭塞分区空闲。

——一个黄色灯光——注意信号,要求列车注意运行,表示运行前方只有一个闭塞分区空闲。

——一个红色灯光——禁行信号,列车应在该信号机前停车。

三显示自动闭塞分两个速度等级(120km/h,0km/h),信号显示对应的速度意义为绿灯120/120km/h,黄灯120/0km/h,红灯0km/h。

一个闭塞分区的长度能满足从规定速度到零的制动距离可有两种计算方法,从两种方法中取较长者。其一是司机确认信号时间(包含设备动作时间)内列车走行距离,加上列车实施最大常用制动后的列车走行距离;二是机车信号设备接收停车信号到自动停车装置动作的时间内列车走行距离,加上列车实施紧急制动后的列车走行距离。

为了保证列车能在正常速度下运行,列车最小追踪间隔应该是三个闭塞分区。如图 5-1 所示。

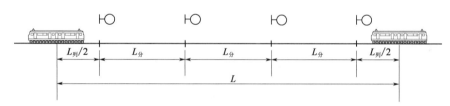

图 5-1 三显示自动闭塞列车追踪图

三显示自动闭塞列车最小追踪间隔 L 为:

$$L = 3L_{分} + L_{列}$$

式中:$L_{分}$——闭塞分区长度;

$L_{列}$——列车长度。

三显示自动闭塞列车最小追踪时间间隔 t 为:

$$t = 0.06L/v$$

式中,0.06 为换算成 min 的系数;v 是列车平均速度。

2. 移动闭塞的工作原理

通过车载设备和轨旁设备不间断的双向通信,控制中心可以根据列车实时的速度和位置,动态计算列车的最大制动距离,列车的长度加上这一最大制动距离并在列车后方加上一定的防护距离,组成了一个与列车同步移动的虚拟分区。由于保证了列车前后的安全距离,两个相邻的移动闭塞分区就能以较小的间隔同时前进,这使列车能以较高的速度和较小的间隔运行,从而提高了运营效率,如图5-2所示。

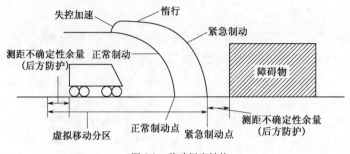

图5-2 移动闭塞结构

移动闭塞线路取消了物理层次上的分区划分,将线路分成了若干个通过数据库预先定义的线路单元,每个单元长度在几米到十几米之间,移动闭塞分区由一定数量的单元组成,单元的数目可随着列车的速度和位置变化,分区的长度也动态变化。

移动闭塞系统中列车和轨旁设备必须保持连续的双向通信。列车不间断地向轨旁控制器传输其标识、位置、方向和速度信息,轨旁控制器根据来自列车的信息计算确定列车的安全行车间隔,并将相关信息(如先行列车位置、移动授权等)传递给列车,控制列车运行。

而基于通信的CBTC移动闭塞,可以通过前后列车间的通信,确定安全间隔等信息。其中列车定位、列车间距以及目标点是CBTC系统的移动闭塞技术中最重要的三个概念,是实现移动闭塞的关键技术。

二、移动闭塞的列车定位

列车定位是移动闭塞技术的基础。要实现闭塞区间的动态移动,首先必须实时、准确地掌握列车的位置信息,以确定列车间的相对距离。系统不断地将该距离与所要求的运行间隔距离相比较,确定列车的安全运行速度。所以说,没有准确的列车定位,就没有移动闭塞。

列车定位由地面设备和车载设备共同完成。通常在列车的轮轴上安装有车轮转速计,以确定列车的走行方向和距离。一旦列车运行的起始点确定以后,根据车轮转速计所检测到的列车运行方向和走行距离,就可以确定列车在线路上的实际位置。

由于车载定位设备存在着测量误差,特别是列车经过长距离运行后,这个误差会不断地积累,直接影响列车定位的精度,所以,在线路上每隔一段固定距离,就需要安装一个地面定位校准设备。当列车经过这些地面定位校准设备时,由车载传感设备检测到该定位点,获知列车的确切位置,从而消除车载定位设备所产生的累积定位误差。在基于环线通信的移动闭塞系统中,感应环线每25m交叉一次。当列车通过环线交叉点时,可以检测到交叉点前后环线的信号相位发生了变化,从而判定列车经过该交叉点。由于感应环线交叉点间的跨度是固定的,所以列车每经过一个环线交叉点,就可以修正一次车轮转速计的测量误差,达到准确定位列车的目的。

三、移动闭塞的列车间隔

移动闭塞的列车间隔比固定闭塞的列车间隔小,因为它取消了以信号机分隔的固定闭塞区间,列车间的最小运行间隔距离由列车在线路上的实际运行位置和运行状态确定。如图5-3所示,列车间隔包括安全制动距离和安全距离。

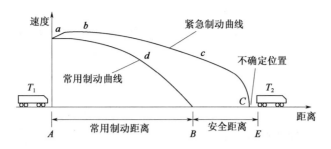

图 5-3 列车间隔的组成

1. 影响安全制动距离的因素

ATC 系统对影响列车运行安全的制动距离设置一般处理方法为：建立 ATC 系统列车运行安全制动距离(SBD)模型,在轨旁 ATC 系统编程实施车载曲线控制算法。按照城市轨道交通系统闭塞设计和其他相关条件,安全运行间隔和轨旁超速控制程序的运行,以每条轨道电路生成适合的车载信号数据为目的。

SBD 模型的建立需要以下 5 个基本要素：车载设备反应时间、全加速时间、切断电源/惰行时间、制动建立和全减速。影响列车运行安全制动距离的 5 个因素是信号与列车进行接口联络时的主要依据。

1) 基本因素

(1) 车载设备反应时间。列车在超速状态下,由于车载信号设备进行译码和确认产生延迟。最不利的情形是通过轨道电路,再重新建立车载信号。此时还需考虑特殊情况,如紧急停车、ATP 故障,在 ATP 能采取限制动作之前,车载信号译码间隔中丢失的车载信号。

(2) 全加速时间。列车全速前进由 ATP 超速检测时间和车载切断电源保证时间组成。

(3) 切断电源/惰行时间。列车完全依靠坡度和曲线影响进行加速和减速。如果切断电源保证时间没有包括这一影响,它可能切断电源时间覆盖,而且制动至少还没有建立到最小量。

(4) 紧急制动建立。列车转换到全减速,假设产生一半的紧急制动率,由坡度和曲线来调节。

(5) 全减速。列车由确定的制动率通过坡度和曲线参数的调节来完成减速。

2) 分析计算

建立 SBD 模型,除以上 5 个因素,还需计算 2 个值：一个是最大列车长度,另一个是最小列车长度。闭塞设计按这两种距离计算的最长行走安全制动距离关系如图 5-4 所示。在计算 SBD 时,还要考虑一些与时间相关的参数(由车辆制造商来确定)。

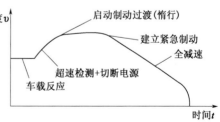

图 5-4 安全制动距离关系图

(1) 超强加速度。列车牵引系统能达到的最大加速度。这个数据是假设无载客车辆时的加速度。一般的范围是 410 ~ 418km/h/s。

(2) 全常用减速率。列车所能生成的最大全常用制动率。

(3) 冲击率。牵引系统或制动系统造成的最不利的冲击率。次数通过计算加速度除以从全速到惰行的冲击率,以及最大全常用制动率除以从惰行到全速的冲击率。这个值一般在

219~410km/h/s 之间。

(4) 转换时间。牵引/制动系统从惰行到制动的转换时间的最不利情形。一般在 12~110s 之间。

(5) 切断电源时间。当紧急制动列车线断开时,从全加速到零加速转换的最不利情况。一般为 12~110s。

(6) 紧急制动建立的时间。紧急制动从 0~90% 全紧急制动率所需时间的最不利情形。如果使用车轮打滑/空转检测手段,这个最大检测时间也将包括在这部分的模型中。其一般值在 15~115s。

(7) 紧急制动率。车辆制造商所能保证的最小紧急制动率。这个数值永远小于全正常紧急制动率。一般在全正常紧急制动率为 418km/h/s 时,其数值为 214km/h/s。这个数值必须考虑当紧急制动命令发出后,最不利情形为单一紧急制动。系统故障时,列车为满载而且钢轨接触不良时的情况,一般值为 118~312km/h/s。

(8) 车载信号速度命令逻辑。

(9) 自动运行模式和自动调度逻辑。

2. 移动闭塞安全距离

安全距离是基于列车安全制动模型,计算得到的一个附加距离。它保证追踪列车在最不利条件下能够安全地停止在前行列车的后方,不发生冲撞。所以,安全距离是移动闭塞系统中的关键,是整个系统设计的理论基础和安全依据。

目标点是列车移动的凭证,列车只有获得了目标点,才能够向前移动。目标点通常是设在列车前方一定距离的某个位置,一旦设定,即表明列车可以安全运行至该点,但不能超过该点。移动闭塞系统正是通过不断前移列车的目标点,引导列车在线路上安全运行的。

第五节 移动闭塞的技术特点与优势

一、CBTC 移动闭塞的技术特点

CBTC 移动闭塞 ATC 系统通过车地之间双向、连续、高效的信息通信,使车载信号设备的信息能够和地面轨旁信号设备信息进行交换,从而有效地确定列车位置,并计算出前后列车间的相对距离。列车间隔是按后续列车在当前速度下所需的制动距离,加上设定的安全距离计算和控制的,最终确保前后列车的安全追踪间隔。

移动闭塞系统不需要预先设置固定的闭塞分区,而是根据实际运行速度、制动曲线以及列车的相对位置等信息,实时动态地计算出相邻列车之间的安全间隔距离,如前面所述,包括常用制动距离和安全距离。因此,移动闭塞与固定闭塞相比,列车运行间隔能够大大减小;与准移动闭塞相比,则具有更大的运用灵活性和更小的行车间隔,并能最大限度地提高区间通过能力。基于通信的移动闭塞 ATC 系统的列车速度控制曲线如图 5-5 所示。

图 5-5 中移动闭塞系统的速度曲线是连续的,不是阶梯形的。因为系统信息传递不依靠轨道电路,线路不用被固定划分成闭塞分区,列车间的间隔是动态的,并随着前一列车的移动而移动,制动的起始点和终点是动态的,列车间隔可确保不追尾。

移动闭塞 ATC 系统一般采用交叉感应电缆环线,或者漏缆、裂缝波导管以及无线的方式实现车地双向数据传输,检测列车位置,使地面信号设备可以实时地得到每一列车的连续位置信息与其他有关信息,并据此计算出每一列车的运行权限、动态更新,并发送给列车。列车根据接收到的运行权限和自身运行状态计算出列车运行的速度曲线,车载设备保证列车在该速度曲线下运行,ATO 子系统在 ATP 保护下,控制列车的牵引、巡航及惰行、制动。追踪列车之间实时保持着一个安全的追踪距离。列车安全间隔距离信息是根据最大允许车速、当前停车点位置、线路等信息计算出来的。信息被循环更新,以保证列车不间断地收到即时信息。

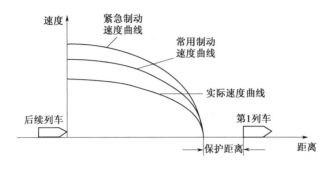

图 5-5　列车速度控制示意图

二、CBTC 移动闭塞的优势

移动闭塞比传统的固定闭塞具有如下的优势:

(1)固定闭塞的轨道电路工作稳定性易受环境影响,如道砟阻抗变化、牵引回流干扰等。移动闭塞不受此影响。

(2)固定闭塞的轨道电路传输信息量小,要想增加信息量,只能通过提高信息传输的频率。但是传输频率过高,钢轨的集肤效应会导致信号的衰耗增大,从而导致传输距离缩短。而且,利用轨道电路难以实现车对地面的信息传输。基于通信的移动闭塞在信息传输上采用现代通信技术,实现列车与轨旁设备实时双向通信,且信息量大。

(3)固定闭塞的闭塞分区长度是按最长列车、满负载、最高速度、最不利制动率等不利条件设计的,分区较长,且一个分区只能被一列车占用,不利于缩短列车运行间隔。移动闭塞根据列车实际速度和相对距离等调整闭塞分区长度,尽可能缩小列车运行间隔,从而提高了行车密度,使得地铁运营公司有条件实现"小编组、高密度"的新型行车组织模式。

(4)从投资的角度看,初期投资移动闭塞核心技术采用软件来实现,使得其在硬件设备数量方面大大低于传统的固定闭塞系统,选用移动闭塞能在建设初期以最高的性价比,得到当今最先进的技术,综合造价低。由于移动闭塞在室外除了感应环线电缆外,没有任何室外硬件设备,因此日常维护费用及工作量都较低。此外,由于系统多由软件构成,易于扩容,还能为以后的扩容、改造及设备升级节省大量资金。

(5)移动闭塞的节能主要是通过其缩短列车间隔的性能实现的。移动闭塞使轨道交通系统的实际通过能力大大提高(通常可比固定闭塞高出 40%),无论在高峰期还是在非高峰期,系统可通过对列车速度曲线的调整和控制,达到最大限度减少不必要的制动、平衡全线加速(或减速、停站时间等),实现节能。通常在运行高峰期,系统可通过利用增加的列车间隔余量,避免不必要的制动来节能;非高峰期则通过降低站间列车平均速度来节能(在这种情况下,可根据需要减少停站时间,以保证列车全线运行时间)。

(6)系统的可靠性高于其他制式的闭塞方式。CBTC 闭塞系统可靠性和安全性的要求更高,可以实现从车站或控制中心对列车的直接监控,从而极大地提高系统的可靠性和优化运营管理。

移动闭塞 ATC 系统,尤其是 CBTC 移动闭塞,将使轨道交通不同线路实现互联互通成为可能,其功能的先进性和实用性具有广阔的应用前景。

思 考 题

1. 论述查询/应答器的设备组成及基于查询/应答器的列车定位特点。
2. 简述移动闭塞中影响列车运行安全制动距离的主要因素。
3. 移动闭塞的优势有哪些?

第六章 列车自动控制(ATC)系统

> **内容提要**
> 1. 掌握 ATC 系统的组成和功能;
> 2. 掌握 ATC 系统控制模式转换条件;
> 3. 了解不同制式 ATC 系统的特点;
> 4. 掌握 ATP 的基本概念;
> 5. 掌握 ATP 设备的组成及功能;
> 6. 熟悉 ATP 的基本工作原理。

第一节 ATC 系统综述

一、ATC 系统的组成与功能

列车自动控制系统(ATC,Automatic Train Control)包括三个子系统:列车自动防护(ATP,Automatic Train Protection)、列车自动运行(ATO,Automatic Train Operation)、列车自动监控(ATS,Automatic Train Supervision)。ATP 是整个 ATC 系统的基础。ATO 和 ATS 子系统都依托于 ATP 子系统的工作。ATS 负责执行各种功能,如确认、跟踪和显示列车等,它有人工和自动进路设置功能,以及调整列车的运行以保证运行时间。图 6-1 所示为 ATC 系统组成图。

ATC 系统包括以下 5 个功能:ATS 功能、联锁功能、列车检测功能、ATC 功能和 PTI(列车识别)功能。

(1) ATS 功能:可自动或由人工控制进路,进行行车调度指挥,并向行车调度员和外部系统提供信息。ATS 功能主要由位于 OCC(控制中心)内的设备实现。

(2) 联锁功能:响应来自 ATS 功能的命令,在随时满足安全准则的前提下,管理进路、道岔和信号的控制,将进路、轨道电路、道岔和信号的状态信息提供给 ATS 和 ATC 功能。联锁功能由分布在轨旁的设备来实现。

(3) 列车检测功能:一般由轨道电路、计轴设备等完成。

(4) ATC 功能:在联锁功能的约束下,根据 ATS 的要求,实现列车运行的控制。ATC 功能有三个子功能,即 ATP/ATO 轨旁功能、ATP/ATO 传输功能和 ATP/ATO 车载功能。ATP/ATO 轨旁功能负责列车间隔和报文生成;ATP/ATO 传输功能负责发送感应信号,它包括报文和 ATC 车载设备所需的其他数据;ATP/ATO 车载功能负责列车的安全运营、列车自动驾驶,且给信号系统和司机提供接口。

(5) PTI 功能:通过多种渠道传输和接收各种数据,在特定的位置传给 ATS,向 ATS 报告列车的识别信息、目的号码、乘务组号和列车位置数据,以优化列车运行。

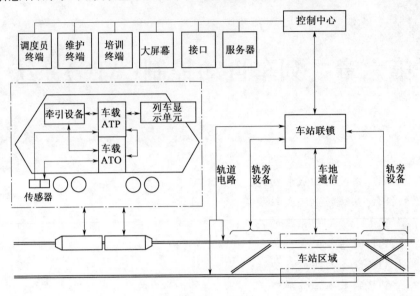

图 6-1 ATC 系统组成

二、ATC 系统的水平等级

为确保行车安全和线路的最大通过能力,根据国内外的运营经验,一般最大通过能力小于 30 对/h 的线路宜采用 ATS 和 ATP 系统,实现行车指挥自动化及列车的超速防护。在最大通过能力较低的线路,行车指挥可采用以调度员人工控制为主的 CTC(调度集中)系统。在最大通过能力大于 30 对/h 的线路,应采用完整的 ATC 系统,实现行车指挥和列车运行自动化。

ATO 系统对节能、规范运行秩序、实现运行调整、提高运行效率等具有重要的作用,但不同的信号系统是否设 ATO 会使运营费用差异较大,不过,即使是通过能力为 30 对/h 的线路,有条件时也可选用 ATO 系统。

根据运营需要,信号系统还应满足最大通过能力为 40 对/h 的总体要求。对于城市轨道交通,行车间隔的发挥往往受制于折返能力,而折返能力与线路条件、车辆状态、信号系统水平等因素有关。因此,通过能力要求较高时,折返能力需与之相适应,必须对上述因素进行综合研究、设计。

三、ATC 系统选用原则

1. ATC 系统的选择原则

(1) ATC 系统应采用安全、可靠、成熟、先进的技术装备,具有较高的性能价格比。

(2) 城市轨道交通运营线路宜采用准移动闭塞式 ATC 系统或移动闭塞式 ATC 系统,也可以采用固定闭塞式 ATC 系统。

(3) ATC 系统构成水平的选择按前述原则执行。

2. 不同闭塞制式的 ATC 系统

按闭塞制式,城市轨道交通 ATC 可分为固定闭塞式 ATC 系统、准移动闭塞式 ATC 系统和移动闭塞式 ATC 系统。

移动闭塞线路单元以数字地图的矢量来表示。如图 6-2 所示为线路拓扑结构的示意图。

四、不同结构的 ATC 系统

1. 点式 ATC 系统

点式 ATC 系统因其主要功能是实现列车超速防护。其在城市轨道交通中有所应用。其主要优点是采用无源、高信息容量的地面应答器,结构简单,安装灵活,可靠性高,价格明显低于连续式 ATC 系统。但点式 ATC 难以胜任列车密度大的情况。

1)点式 ATC 系统的基本结构

点式 ATC 系统的基本结构,如图 6-3 所示,由车载设备和地面设备组成,主要包括地面应答器、轨旁电子单元(LEU,又称为信号接口)以及车载设备。

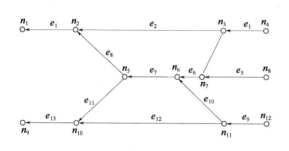

图 6-2 线路拓扑图示意图

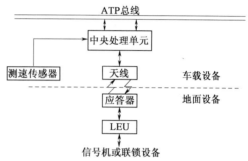

图 6-3 点式 ATP 系统的基本结构

(1)地面应答器。

地面应答器通常设置在信号机旁或者设置在一段需要降速的缓行区间的始、终端。它接收车载设备发射的能量,供内部电路与应答发送用。

当列车驶过地面应答器,且车载应答器与地面应答器对准时,车载应答器首先以一定的频率,通过电磁感应方式将能量传递给地面应答器,地面应答器的内部电路在接收到来自车上的能量后即开始工作,将所存储的数据以某种调制方式(通常用 FSK 方式)仍通过电磁感应传送至车上。如图 6-4 所示点式列车速度控制系统及车载应答器与地面应答器之间的耦合关系,其中 100kHz 为能量通道,850kHz 为信息数据通道,50kHz 为增大可靠性而设置的监视通道。

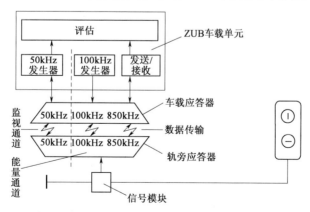

图 6-4 车载应答器与地面应答器之间的能量与数据传输

(2)轨旁电子单元 LEU。

轨旁电子单元是地面应答器与信号机之间的电子接口设备,其任务是将不同的信号显示

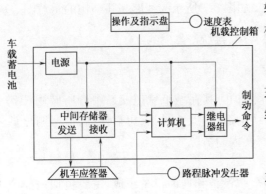

图 6-5 点式 ATC 车载设备

转换为约定的数码形式。LEU 是一块电子印制板,可根据不同类型的输入电流输出不同的数码。

(3) 车载设备。

车载设备由车载应答器、测速传感器、中央处理单元、驾驶台上的显示、操作与记录装置等部分组成,如图 6-5 所示。

2) 点式 ATC 系统的基本原理

点式 ATC 系统的车载设备接收信号点或标志点的应答器信息,还接收列车速度和制动压力信息,输出控制命令并向司机显示。地面应答器向列车传送每一信号点的允许速度、目标速度、目标距离、线路坡度、信号机号码等信息。车载中央控制单元根据地面应答器传至车上的信息以及列车自身的制动率(负加速度),计算得出的两个信号机之间的速度监控曲线。如图 6-6 所示,v_0 表示所允许的最高列车速度。v_1 表示当列车车速达到此值时,车载中央控制单元给出音响报警,如果此时司机开始降速,使车速低于 v_0,则一切趋于正常。v_2 表示当列车车速达到此值时,车载中央控制单元给出启动常用制动(通常为启动最大常用制动)的信息,列车自动降速至 v_0 以下。若列车制动装置具有自动缓解功能,则在列车速度降至 v_0 以下时,制动装置即可自动缓解,列车行驶趋于正常;若列车制动装置不具备自动缓解功能,则常用制动使列车行驶一段路程后停下,列车由司机办理必需的手续后重新人工启动。v_3 表示当列车车速达到此值时,车载中央控制单元给出启动紧急制动的信息,确保列车在危险点的前方停住。

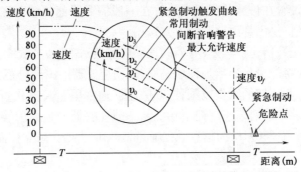

图 6-6 点式列车超速防护系统的速度监控曲线

3) 地车之间的数据传递

地面—车上应答器之间的数据传递是一种按协议的串行数码传输方式,电码以频移键控方式传送,为了防止干扰,载频通常在 800kHz~1MHz 之间,数码速率一般为 50kbit/s。信息码一般包括以电码组合的方式来传递有关信息,其中用户要求及实际情况千差万别。

点式 ATC 系统的主要缺点是信息传递的不连续性,有时会对列车运行造成不利影响。

2. 连续式 ATC 系统

按地车信息传输所用的媒体分类,连续式 ATC 系统可分为有线与无线两大类,前者又可分为利用轨间电缆与利用数字编码音频轨道电路两类。按自动闭塞的性质,连续式 ATC 系统可以分为移动闭塞、准移动闭塞和固定闭塞。按地车之间传输信息的内容,系统可分为速度码系统与距离码系统。

1) 采用轨道电路的连续式 ATC 系统

该 ATC 系统有速度码系统和距离码系统两种。

(1) 速度码系统(Speed Code System)。

速度码系统通常使用频分制方法,采用的是移频轨道电路,即用不同的频率来代表不同的允许速度。由控制中心通过信息传输媒体将列车最大允许速度直接传至车上,这类制式在信息传递与车上信息处理方面比较简单,速度分级是阶梯式的。

上海地铁 1 号线采用的是从美国 GRS 公司引进的 ATC 系统,是一种典型的频分制速度码系统。在无列车经过时,轨道电路用于检测列车占用。速度码系统分级从地面传递给列车的允许速度(限速值),在轨道电路区段分界处的限速值呈跳跃式,这对于平稳驾驶、节能运行及提高行车效率都是非常不利的。因此,速度码系统已逐渐被能实时计算限速值的距离码系统所取代。

(2) 距离码系统(Distance Code System)。

由于信息电码的多样性和复杂性,距离码系统使用时分制数字电码方式,按协议组成各种信息。距离码系统采用数字编码音频轨道电路,是目前使用最广泛的 ATC,我国大多数城市轨道交通的 ATC 都采用这种系统。

距离码系统从地面传至车上的是前方目标点的距离等一系列基本数据,车载计算机根据地面传至车上的各种信息(包括区间的最大限速、目标点的距离、目标点的允许速度、区间线路的坡度等)以及储存在车载单元内的列车自身的固有数据(如列车长度、常用制动及紧急制动的制动率、测速及测距信息等),实时计算出允许速度曲线,并按此曲线对列车的实际运行速度进行监控。

这类系统依赖列车进入轨道区段实现轨道电路表示码与信息码之间的转换,在"有车占用表示"延时给出的情况下(当轮轨分路条件不理想时,列车第一轮对驶入轨道电路区段,并不马上给出"有车占用表示",而在第二轮对,甚至更后的轮对相继驶入轨道电路区段后,才能给出"有车占用表示"),如不采取特殊的保护措施,有可能使列车闯入危险区,将会对安全造成极大威胁。为此,有的系统规定了轨道电路表示码与信息码之间的最大转换时间,当列车驶入轨道电路区段,在最大转换时间之内车载设备尚未接收到信息码,直接启用紧急制动,保证列车不闯入危险区。

2) 采用轨间电缆的 ATC 系统

利用轨间铺设的电缆传输信息。控制中心储存线路的固定数据,区间线路坡度、弯道、缓行区段的位置及长度等。经联锁设备,将沿线的信号显示、道岔位置等信息传送至控制中心。列车将其数据如载质量、列车长度、制动率、所在位置、实际速度经电缆传给控制中心。控制中心的计算机,根据这些数据计算出该时刻的列车允许速度。此速度值经电缆传送给运行在线路上的相应列车。列车获得此速度值后即可对列车速度进行监控。采用这种方式可统一指挥全部列车运行,遇有发生行车晚点或其他障碍,可迅速地将行车命令传给列车。但若遇控制中心故障,则将全线瘫痪。因此,采用另一种控制方式,控制中心将有关信息(线路坡度、缓行区段位置、目标距离或目标速度等)通过电缆送至列车,由车载计算机计算其允许速度。

该类 ATC 系统主要由控制中心设备、轨间传输电缆及车载设备组成。

3) 无线 ATC 系统

无线 ATC 系统利用无线通信方式传输信息。地面编码器生成编码信息,通过天线向车上发送。信号显示控制接口负责检测要发送的信号显示,并从已编程的数据中选出有用数据送编码器,同时选出与限制速度、坡度、距离等有关的轨道数据。编码器用高安全度的代码将这些数据编码,经过载波调制,馈送至无线通道向机车发送。车上接收设备接收限制速度、坡度、距离后,由车载计算机计算出目标速度,对机车进行监控。

用无线通道实现地—车数据传输的 ATC,才是真正意义上的移动闭塞。目前,阿尔卡特、阿尔斯通、西门子、庞巴迪和西屋公司等,均开发出了各自的移动闭塞技术并已广泛应用。无线通信有采用波导管、漏泄电缆和无线空间天线三种方式。

典型的移动闭塞线路中,线路被划分为若干个区域,每一个区域由一定数量的线路单元组成。区域的组成和划分预先定义,每一个区域均由本地控制器和通信系统控制。本地控制器和区域内的列车及联锁等子系统保持连续的双向通信,控制本区域内的列车运行。列车从一个控制区域进入下一个区域的移交,通过相邻区域控制器之间的无线通信实现。当列车到达区域边界,后方控制器将列车到达信息传递给前方控制器,同时命令列车调整其通话频率;前方控制器在接收并确认列车身份后发出公告,移交便告完成。

典型无线移动闭塞系统的系统以列车为中心,其主要子系统包括:区域控制器、车载控制器、列车自动监控、数据通信系统和司机显示等。

五、ATC 系统控制模式

ATC 系统应包括下列控制等级:控制中心自动控制模式;控制中心自动控制时的人工介入控制或利用 ATC 系统的人工控制模式;车站自动控制模式;车站人工控制模式。

以上控制等级遵循的原则是:车站人工控制优先于控制中心人工控制、控制中心人工控制优先于控制中心的自动控制或车站自动控制。

1. 控制中心自动控制模式(CA)

在控制中心自动控制模式下,列车进路命令由 ATS 进路自动设定系统发出,其信息来源是时刻表及列车运行自动调整系统。控制中心调度员可以对列车运行自动调整系统进行人工干预,使列车运行按调度员意图进行。

2. 控制中心自动控制时的人工介入控制或利用 ATC 系统的人工控制模式(CM)

在控制中心自动控制时,控制中心调度员也可关闭某个联锁区或某个联锁区内部分信号机或某一指定列车的自动进路设定,直接在控制中心的工作站上对列车进路进行控制,在关闭联锁区自动进路设定时,控制中心调度员可发出命令,利用联锁设备自动进路控制功能,随着前行列车的运行,自动排列一条后续列车的固定进路。在自动进路功能出现故障的情况下,调度员可以人工设置进路。

在 CM 模式中,车站的人工控制转到 ATS 系统。一旦车站工作于该模式,则由 ATS 系统启动控制而不由车站控制计算机启动控制。车站控制计算机继续接收表示、更新显示和采集数据。

3. 车站自动控制模式

在控制中心设备故障或通信线路故障时,控制中心将无法对联锁车站的远程控制终端进行控制,此时将自动进入列车自动监控后备模式,由列车上的车次号发送系统发出带列车去向的车次信息,通过远程控制终端自动产生进路命令,由联锁设备的自动功能自动设定进路,即随着列车运行,自动排列一条固定进路。

4. 车站人工控制模式

当 ATS 因故不能设置进路（不论人工方式还是自动进路方式），或由于某种运营的需要而不能由中心控制时，可改为现地操纵模式。在现地操纵台上人工排列进路。

车站自动控制和车站人工控制也可合称为车站控制（LC）。当车站工作于 LC 模式时，不能由 ATS 系统启动控制。然而，ATS 系统将继续收到表示、更新显示和采集数据。对车站控制计算机而言，这是唯一可用的控制模式。

5. 控制模式间的转换

（1）转换至车站操作。

只有当控制中心 ATS 已经发出相应的命令，才能转换到车站操作模式。因此，所有转换操作只能由车站操作员才能有效实施。当转换模式时，不用考虑特别检查联锁条件，自动运行功能不受影响。

即使转换至车站操作，联锁显示还应该传输至控制中心 ATS，仅由车站操作站的打印机执行对显示和命令的记录。

（2）强制转换至车站操作。

在没有收到控制中心 ATS 发出的命令时，也可以转换至车站操作。通过一个已经登记的转换操作可以转换至车站操作，并且联锁系统的所有转换操作仅能由车站操作员执行。

（3）转换至控制中心 ATS 操作。

只有当车站操作已经发出释放的命令，才能转换到控制中心 ATS 操作，控制中心 ATS 确认转换操作，由控制中心操作员有效实施。当车站操作故障，没有车站操作释放命令的情况下，也可以转换至控制中心 ATS 操作。

六、驾驶模式及模式转换

1. 驾驶模式

城市轨道交通列车的主要驾驶模式应包括：列车自动运行驾驶模式；列车自动防护驾驶模式；限制人工驾驶模式；非限制人工驾驶模式。此外，还有自动折返驾驶模式。

1）列车自动运行驾驶模式（ATO 模式或 AM 模式）

ATO 模式即 ATO 自动运行模式，此模式是正线上列车运行的正常模式，即用于正线上列车的正常运行。这种模式下，列车在车站之间的运行是自动的，不需司机驾驶，司机只负责监视 ATO 显示，监督车站发车和车门关闭，以及列车运行所要通过的轨道、道岔和信号的状态，并在必要时人工介入。

司机给出列车关门指令关闭车门后，通过按压启动按钮给出出发指令。车载 ATP 确认车门已关闭后，列车便可启动。如果车门还开着，ATP 会不允许列车出发。列车出发后，站间运行的速度调整、至下站的目标制动以及开车门都由 ATO 自动操作。ATP 确保列车各阶段自动运行的安全，在车站之间的运行将根据控制中心 ATS 的优化时刻表指令执行，确定其走行时间。

在 ATO 模式下，ATO 根据 ATP 编码和列车位置生成运行列车的行驶曲线，完全自动地驾驶列车；ATO 还能根据到停车点的距离计算出列车的到站停车曲线；ATO 速度曲线可以由 ATS 的调整命令修改；ATP 系统控制列车的紧急制动。

2)列车自动防护驾驶模式(SM 模式或 CM 模式)

SM 模式即 ATP 监督人工驾驶模式,是一种受保护的人工驾驶模式。在这种模式下,司机根据驾驶室中的指示手动驾驶列车,并监督 ATP 显示,以及列车运行所要通过的轨道、道岔和信号的状态,可以在任何时候进行紧急制动。ATP 连续监督人工驾驶的列车运行,如果列车超过允许速度,将紧急制动。ATO 故障时,列车可用 SM 模式在 ATP 的保护下降级运行。

在 SM 模式下,列车由司机人工驾驶,列车的运行速度受 ATP 监控;ATO 此时对列车不进行控制,但会根据地图数据随时监督列车的位置;如果 ATO 能与 PAC 通信,它可控制车门开启;ATP 向司机提示安全速度和距离信息;在列车实际行驶速度达到最大安全速度之前,ATP 可实施常用制动,防止列车超速;由 ATP 系统来控制列车的紧急制动。

3)限制人工驾驶模式(RM 模式)

RM 模式即 ATP 限制允许速度的人工驾驶模式,这是一种受约束的人工操作,必须"谨慎运行"。在这种模式下,列车由司机根据轨旁信号驾驶,ATP 仅监督允许的最大限速值。

该运行模式在下列情况下使用:①列车在车辆段范围内(非 ATC 控制区域)运行时;②正线运行中联锁设备或轨道电路或 ATP 轨旁设备或 ATP 列车天线或地对车通信发生故障时;③列车紧急制动以后。

此时,车载 ATP 将给出一个最高 25km/h 的限制速度。

在 RM 模式下,列车由司机人工驾驶,没有轨道编码的参与,不要求强制使用地面编码。此时 ATO 退出控制;由司机负责列车运行的安全,并监督列车所要通过的轨道、道岔和信号的状态,如有必要,对列车进行制动;列车行驶速度很低,例如不得超过 25km/h;一旦超出,ATP 系统就会实施紧急制动。

4)非限制人工驾驶模式(关断模式、URM 模式)

关断模式是不受限制的人工驾驶(无 ATP 监督)模式,用于车载 ATP 设备故障以及车载设备测试情况下完全关断时的列车驾驶,列车由司机根据轨旁信号和调度员的口头指令驾驶,没有速度监控设备。ATP 的紧急制动输出被车辆控制系统切断,司机必须保证列车运行不超过限制速度(最高 25km/h),并监督列车所要通过的轨道、道岔和信号的状态,必要时采取措施,对列车进行制动。

在关断模式下,列车由司机登记,此时列车运行安全完全由司机负责,ATO 退出控制。

5)自动折返驾驶模式(AR 模式)

列车在站端(没有折返轨道的终端)调转行车方向或使用折返轨道进行折返操作,要求进入自动折返驾驶模式。

为使自动折返操作具有高度的灵活性,自动折返模式有下列几种:ATO 自动运行折返模式;ATO 无人自动折返模式;ATP 监督人工驾驶折返模式。

折返命令是由 ATS 中心根据需要生成并传输至列车,或由设计固定的 ATP 区域(如终端站)的轨旁单元发出。ATP 车载设备通过接收轨旁报文而自动启动 AR 模式,并通过驾驶室显示设备指示给司机,司机必须按压"AR"按钮确认折返作业。是否折返,是否使用折返轨道折返,通过无人驾驶执行还是由司机执行,这些完全由司机决定。

采用无人折返或有司机折返取决于司机采取的不同折返模式。

若采用 ATO 自动运行折返模式,在司机按压 ATO 启动按钮后,列车自动驶入折返轨道,并改变车头和轨道电路发送方向;在折返轨道至发车站台的进路排列完成后,再次按压 ATO 启动按钮,列车自动驶入发车站台,并精确地停在发车站台。

若采用 ATO 无人自动折返模式,在司机下车后按压站台上的无人折返按钮,列车在无司机的情况下,自动完成启动列车驶入折返轨道,改变车头和轨道电路发送方向,并在折返轨道至发车站台的进路排列完成后,再自动启动列车驶入发车站台,并精确地停在发车站台。

若采用 ATP 监督人工驾驶折返模式,在人工驾驶过程中,ATP 将对列车速度、停车位置进行监督,并在列车驶入折返轨后自动改变车头和轨道电路发送方向。

除 URM 模式外,其他所有的模式都有一个 5m 的退车限制,如果超过这个限制,ATP 将实施紧急制动。

2. 列车驾驶模式转换

以上 5 种基本运行模式,在满足一定条件下可以相互转换。

1)列车驾驶模式转换的规定

(1)ATC 系统控制区域与非 ATC 系统控制区域的分界处,应设驾驶模式转换区(或称转换轨),转换区的信号设备应与正线信号设备一致。

(2)驾驶模式转换可采用人工方式或自动方式,并应予以记录。当采用人工方式时,其转换区域的长度宜大于一列车的长度。当采用自动方式时,应根据 ATC 系统的性能特点确定转换区域的设置方式。

(3)ATC 系统宜具有防止列车在驾驶模式转换区域,未将驾驶模式转换至列车自动运行驾驶模式或列车自动防护驾驶模式,而错误进入 ATC 系统控制区域的能力。

(4)为保证行车安全,在 ATC 控制区域内,使用限制模式或非限制模式时应有破铅封、记录或特殊控制指令授权等技术措施。

2)各种驾驶模式间的切换

(1)RM 模式切换到 SM 模式。列车从非 ATC 系统控制区域进入 ATC 系统控制区域,就从 RM 改变为 SM 模式。只要满足如下条件:列车经过至少两个轨道电路的分界;报文传输无误;未设置 PERM 码位;ATP 轨旁设备没有发出紧急制动信号;ATP 车载设备的限速监控不会在 SM 模式启动紧急制动。

(2)SM 模式切换到 ATO 模式。满足以下条件,ATO 开始指示灯就会亮,说明此时可以从 SM 切换到 ATO 模式:当前轨道区段上没有停车点(安全/非安全);所有车门都已关闭;驾驶/制动拉杆处于零位置;主钥匙开关处于向前位置。

当司机按了 ATO 开始按钮后,ATP 车载设备就从 SM 改变为 ATO 模式。

(3)ATO 模式切换到 SM 模式。在下列情况下,ATP 车载设备就从 ATO 模式切换到 SM 模式:如果司机把驾驶/制动拉杆拉离零位置,或把主钥匙开关调到非向前状态;ATO 控制列车停靠车站的停车点,当列车在车站停稳后,如果列车停在区间,司机用车门许可控制按钮打开车门。

(4)SM/ATO 模式切换到 RM 模式。如果 ATP 车载设备启动了紧急制动,无须操作就自动地从 SM/ATO 模式切换为 RM 模式。如果司机还想继续前行,那么他就必须在列车停稳之后按 RM 按钮。如果列车已经停稳,而司机按了 RM 按钮,就从 SM/ATO 模式切换到 RM 模式。如果切换到 SM 模式的所有先决条件都已满足,那么就马上转回 SM 模式。在车辆段入口处,司机或 ATO 控制列车停靠在停车点上。如果列车已停稳、已设置了结束点(END 码位),驾驶室的显示屏上就会显示指示,司机就可以按 RM 按钮。按了 RM 按钮之后,就从 SM/ATO 模式切换到 RM 模式。

(5)SM 模式切换到 AR 模式。满足以下条件,就从 SM 模式切换到 AR 模式:ATP 车载设备从 ATP 轨旁设备接收 DTRO 状态的信息;ATP 车载设备间的通信良好。

（6）AR模式切换到SM模式。满足以下条件，ATP车载设备就从AR模式切换到SM模式：ATP车载设备间的列车监控的改变成功，司机打开驾驶室。

（7）AR模式切换到RM模式。如果ATP车载设备启动了紧急制动，无须司机的另外操作，就会自动从AR模式切换到RM模式。如果司机想继续前行，那么他必须在列车停稳后按RM按钮。

如果列车停稳之后，司机按了RM按钮，就会从AR模式切换到RM模式。如果切换到SM模式的前提条件都满足了，就马上切换到SM模式。

（8）RM模式切换到关断模式。只有当ATP故障，才会降级至关断模式，列车会自动停车。司机操作密封安全开关至关断模式。这种模式的转换将被车载计数器记录。这个转换程序同样适用于ATO模式、SM模式至关断模式。此时列车的运行安全由司机承担全部责任。

七、ATC系统的可用性

ATC系统应满足本系统设备和通信、供电等相关系统设备故障的特殊条件下安全行车的需要。ATC系统应能降级运用，实现故障弱化处理，满足故障复原的需要。

信号系统降级运用是指系统由自动控制降级为人工控制，由遥控变为局控，由实现全部功能至仅完成部分功能等；对于某些ATC系统，可能存在系统设备故障失去列车位置检测并可能波及较大运营范围。若系统无后备列车位置检测及后备模式，将不利于系统故障时的安全行车和故障后运营的恢复，因此类似的系统可考虑深层次的系统后退运行方式，包括投入后备系统的运行模式。后备模式及其具体要求，应根据用户需要及系统设备的可靠性、可用性和安全性等因素确定。

车载ATC系统的设计指标具有非常高的可靠性和实用性。如果ATO自动驾驶发生故障，ATP系统仍能对列车进行保护。此时列车应在"受保护的人工驾驶模式"下行驶，即由司机来执行ATO功能，ATP能进行全面保护。如果所有的子系统都发生故障，虽然这种概率极小，如ATP信息丢失、轨道电路故障或其他模式都失灵，还有一种模式，即"受限人工驾驶模式"。此时，由司机在没有信号提示的情况下进行驾驶，但受到速度的限制，一般在15~20km/h。一旦超过这一限制，就会自动实施紧急制动，导致列车停车。在某些特定的情况下，有可能不用ATP系统，以"不受限人工驾驶模式"进行驾驶，不过此时司机对行车完全负责。

ATP和ATO的主控器中有结构配置数据，能确定驾驶模式转换的条件。例如，在遵循一定速限的条件下，列车行驶时可以由"受保护的人工驾驶模式"切换到"受限人工驾驶模式"，但是不可以从"自动驾驶模式"转换到"受限人工驾驶模式"。

当列车处在自动驾驶模式下，车载ATO运用牵引和制动控制将列车从一个车站驶向另一个车站。

ATO地面设备与ATS系统通信，ATS系统更新与每个站间运行有关的信息，以便满足时刻表的要求。

第二节 ATP子系统基本原理

一、ATP的基本概念

ATP子系统是保证行车安全、防止列车进入前方列车占用区段和防止超速运行的设备。ATP负责全部的列车运行保护，是列车安全运行的保障。ATP系统执行以下安全功能：速度限制的接收和解码、超速防护、车门管理、自动和手动模式的运行、司机控制台接口、车辆方向保证、永久车辆标识。

ATP即列车运行超速防护或列车运行速度监督。ATP系统的功能是对列车运行进行超速防护,对与安全有关的设备实行监控,实现列车位置检测,保证列车间的安全间隔,保证列车在安全速度下运行,完成信号显示,故障报警,降级提示,列车参数和线路参数的输入,与ATS、ATO及车辆系统接口,并进行信息交换。

ATP系统不断将来自联锁设备和操作层面上的信息、线路信息、前方目标点的距离和允许速度信息等从地面通过轨道电路等传至车上,从而由车载设备计算得到当前所允许的速度,或由行车控制中心计算出目标速度并传至车上,由车载设备取得实际运行速度,依此来对列车速度实行监督,使之始终在安全速度下运行。当列车速度超过ATP装置所指示的速度时,ATP的车上设备就发出制动命令,使列车自动地制动;当列车速度降至ATP所指示的速度以下时,可自动缓解。而运行操作仍由司机完成。这样,可缩短列车运行间隔,可靠地保证列车不超速、不冒进。ATP是ATC的基本环节,是安全系统,必须符合故障—安全的原则。

二、ATP设备的组成

采用轨道电路传送ATP信息时,ATP系统由设于控制站的轨旁单元、设于线路上各轨道电路分界点的调谐单元和车载ATP设备组成,并包括与ATS、ATO、联锁设备的接口设备。

连续式ATP系统利用数字音频轨道电路,向列车连续地发送数据,允许连续监督和控制列车运行。当轨道电路区段空闲时,发送轨道电路检测电码。当列车占用时,向轨道电路发送ATP信息。轨道旁的轨道电路连接箱内(发送、接收端各一个)仅有电路调谐用的无源元件,包括轨道耦合单元及长环线。

车载ATP设备完成命令解码、速度探测、超速下的强制执行、特征显示、车门操作等任务。车载ATP设备包括:两套ATP模块(信号处理器和速度处理器)、两个速度传感器和两个接收天线、车辆接口、驾驶室内的操作和控制单元(MMI)等。车载ATP设备根据地面传来的数据(由ATP天线接收)与预先储存的列车数据计算出列车实时最大允许速度。将此速度与来自速度传感器测得的列车实际运行速度相比较,超过允许速度时,报警后启动制动器。

借助MMI,司机可以按照ATP系统的指示运行。MMI包括司机显示功能、司机外部接口两个子功能。司机显示功能向司机显示实际速度、最大允许速度、目标距离、目标速度,ATP设备的运行状态,以及列车运行时产生的重要故障信息,在某些情况下会伴有音响警报。司机外部接口包括允许按钮、车门释放按钮以及确认按钮。

三、ATP系统的主要功能

ATP系统应具有下列主要功能:检测列车位置、停车点防护、超速防护、列车间隔控制(移动闭塞时)、临时限速、测速测距、车门控制、记录司机操作。

以数字音频轨道电路方式的ATP系统为例,ATP系统功能可分为ATP轨旁功能、列车检测功能(负责根据各轨道区段的"空闲"或"占用"情况,检测列车的位置)、ATP传输功能和ATP车载功能。

1. ATP轨旁功能

ATP轨旁功能负责列车安全间隔和生成报文,完成对列车安全运行授权许可的发布和报文的准备,这些报文包括安全、非安全和信号信息等。ATP轨旁功能又分为列车安全间隔功能和报文生成功能。

1）列车安全间隔功能

列车安全间隔功能负责保持列车之间的最小安全距离，还负责发出运行授权。只有在进路已经排列，联锁功能中才发出列车运行授权，准许列车进入进路。当前方列车仍在进路中时，可为后续列车再次排列进路。

2）报文生成功能

从各种ATP轨旁功能里接收请求，完成整理数据、准备和格式化要传送到ATP车载设备的报文，并决定传输方向。生成经由每个轨道区段传输的报文，然后向车载设备发出报文。传输的报文总是与受ATP控制的接近列车运行相反方向馈入轨道电路。

报文由变量和包含在各变量中的数据结合而成，每个变量由下列三个来源编辑而成：编入ATP轨旁单元的固定数据，包括速度限制；可依据进路排列和轨道区段占用状态等，从有限的预设选项中选择的可转换数据；ATS功能的可变数据，若没有该可变数据，可使用编入到ATP轨旁单元的缺省值。报文的长度和内容会随环境状态的不同而变化。

列车进入一段轨道区段后，立刻会生成一连串专门报文。除其他信息以外，报文还提供列车进入该区段的时间。这个信息必须与距离同步。这些报文由轨道区段的状态变化而引发，并持续数秒时间。

整理完所需数据，准备完报文之后，就会将报文转换为ATP车载设备要求的一种格式。报文转换采用了必要的编码保护协议，它确保ATP车载设备能检测到报文的错误。报文一旦完成格式化，由ATP传输功能传送。

2. ATP传输功能

ATP传输功能负责发出报文信号，包括报文和ATP车载设备所需要的其他数据。

就地对车传输而言，音频轨道电路电流必须由轨道区段末端，迎着列车运行的方向注入。对双向运行的线路，送电点及传输方向必须根据列车的运行方向转换。转换传输方向所需信号由ATP轨旁功能中的报文发生功能发出。

ATP传输功能的输入来自ATP轨旁功能的要传输的报文和相应选择传输方向的控制信号。

ATP传输功能的输出：感应信号沿着整个轨道区段连续地传输信息；信号利用钢轨作为传输天线，以合适的传输方向发出，且只包括报文数据；感应信号利用同步定位环线作为传输天线传输间歇的信号，这个信号提供本地再同步的精确位置信息。这些感应信号共享一个共同的传输媒体（即轨道同列车之间的空隙），形成了一个在ATP车载设备内接收的单一信号组合。

3. ATP车载功能

ATP车载功能负责列车安全运行，并提供信号系统和司机间的接口。车载功能由下列子功能组成：ATP命令解码、ATP监督功能、ATP服务/自诊断功能、ATP状态功能、速度/距离功能，以及司机人机接口（MMI）功能。

四、ATP系统的技术要求

1. ATP系统的基本要求

（1）ATP系统由列车自动防护的轨旁设备、车载设备和控制区域内的联锁设备组成；联锁设备属于安全系统并纳入ATP系统，为典型的系统分类方式。但在阐述系统时，可将联锁设备列为子系统独立论述。

(2)城市轨道交通必须配置 ATP 系统,其系统安全失效率指标应优于 10^{-9}/h(信号系统安全失效率指标通常定义为 10^{-11}/h 或 10^{-9}/h)。

(3)闭塞分区的划分或列车运行安全间隔,应通过列车运行模拟确定,并经列车实际运行校验。为保证行车安全,在安全防护地点运行方向的后方应设安全防护距离或防护区段,安全防护距离应通过计算确定。安全防护距离涉及信号系统控制方式及其技术指标、列车速度、车辆性能和线路状态等多种因素,主要决定于一定的速度条件下,设定的紧急制动距离和有保证的紧急制动距离之差。在列车跟踪运行的情况下,安全防护距离应增加列车尾车后部车轴可能未被检出的附加距离。

(4)城市轨道交通的 ATP 系统应采用连续式控制方式。连续式控制方式主要是指安全输入信息连续采集,并实现连续控制。宜采用速度—距离制动模式。列车位置检查可采用轨道电路、轨道环路等方式实现。

(5)城市轨道交通宜采用计算机联锁设备,也可采用继电联锁设备。

2. ATP 车载设备的技术要求

ATP 车载设备在满足 ATP 系统基本要求外,还应符合下列规定:

(1)ATP 系统导致列车停车为最高的安全准则。地车连续通信中断、列车完整性电路断路、列车超速、列车的非预期移动、车载设备重要故障等均应导致安全性制动。

(2)ATP 车载设备的车内信号应是行车的主体信号。车内信号至少包括列车实际运行速度、列车运行前方的目标速度;在两端司机室内均应装设速度显示、报警装置和必要的切换装置。

(3)ATP 执行强迫停车控制时,应切断列车牵引,列车停车过程不得中途缓解;ATP 执行强迫停车控制,包括全常用制动或紧急制动控制等不同方式,但最终控制模式应为紧急制动控制。并应在列车停车后,司机履行一定的操作手续,列车方能缓解强迫制动。

(4)车载信号设备与车辆接口电路的布线,应与其主回路等环节的高压布线分开敷设并实施防护;与车辆电气的接口应有隔离措施。

3. ATP 地面设备的技术要求

ATP 地面设备在满足 ATP 系统基本要求外,还应符合下列规定:

(1)ATP 地面设备宜采用报文式无绝缘轨道电路或适用于其他准移动闭塞、移动闭塞 ATC 系统的地面设备,也可采用模拟式移频轨道电路。

(2)ATC 控制区域宜采用无绝缘轨道电路,道岔区段、车辆段及停车场线路可采用有绝缘轨道电路。区间轨道电路应为双轨条回流方式;道岔区段、车辆段及停车场轨道电路可采用单轨条回流方式。相邻轨道电路应加强干扰防护。轨道电路利用兼作牵引回流的走行轨时,装设的横向均流线应不影响轨道电路的正常工作。

(3)ATP 地面设备向 ATP 车载设备传送的允许速度指令或线路状态、目标速度、目标距离等信息,应满足 ATP 车载设备控制方式和控制精度的需要。

五、ATP 的基本工作原理

1. 列车检测

采用轨道电路等作为列车检测设备。当轨道电路区段空闲时,发送轨道电路检测电码,此时轨道电路的功能为检测是否空闲,检测结果传送至联锁装置。

2. 列车自动限速

连续式 ATP 系统利用数字音频轨道电路,向列车连续地发送数据,允许连续监督和控制列车运行。对于 ATP,在轨旁无需其他传输设备。

ATP 轨旁单元从联锁和轨道空闲检测系统获得驾驶指令,形成计划数据后传输至 ATP 车载设备。驾驶指令主要包括目标坐标(目标速度和目标距离)、最大允许线路速度和线路坡度。ATP 车载设备通过此数据计算现有位置的列车允许速度。驾驶列车所需的数据经由司机室显示器指示给司机。

实际的列车速度和驶过的距离由测速装置连续进行测量。

ATP 车载设备列车实际速度与列车允许速度进行比较。当列车速度超过列车允许速度时,ATP 的车载设备就发出制动命令,发出报警后控制列车进行常用全制动或实施紧急制动,使列车自动地制动;当列车速度降至 ATP 所指示的速度以下时,便自动缓解。而运行操作仍由司机完成。

ATP 不仅可用来保证列车之间的运行安全,还用于受曲线等线路条件、通过道岔、慢行区间等限制而需要限速的区段。因此,限速等级是根据后续列车和先行列车之间的距离、线路条件等来决定的。ATP 可对列车运行速度进行分级或连续监督。

3. 目标速度和目标距离

ATP 轨旁设备向在其控制范围内的列车分配一个"目标距离",再由轨道电路生成代码,通知列车前方有多少个未占用的区段,接着,ATP 车载设备调用存储器里的信息,决定在列车任何时刻列车的运行速度和可以运行的最远距离,确保在抵达障碍物或限制区之前安全停车。目标距离原理如图 6-7 所示。

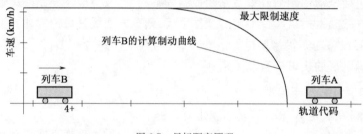

图 6-7 目标距离原理

图中代码仅表示列车 B 前方未被占用的轨道电路的数目。列车 B 所在的区段标记为 4+,这代表在到达阻碍或限制区之前,前方有 4 个空闲的轨道区段。列车 B 可获得其精确的位置,这一信息与保存在 ATP 和 ATO 设备存储器中的线路图数据相结合,可推算出列车的最大安全距离或目标距离。这样,列车 B 就能安全地进入列车 A 所占用的轨道区段后方的空闲轨道区段。将列车的实际行驶速度不断与计算出来的最高速度进行比较,如果实际车速超过最高速度,则自动启用紧急制动。

列车除了必须遵循通过轨道传来的指示目标距离的编码外,在线路的某些区域,由于某种特殊情况或临时性原因,如轨道临时性作业等,还有一些速度限制要求。ATP 将充分考虑到各种限速条件,选择最严格条件执行。

4. 制动模式

列车制动控制模式分为分级制动模式和一级制动模式。

1) 分级制动

分级制动是以闭塞分区为单元,根据与前行列车的运行距离来调整列车速度,各闭塞分区采用不同的低频率调制,指示不同的速度等级,在此基础上确定限速值。分级制动模式又分为阶梯式和曲线式。

阶梯式分级制动模式俗称大台阶式。它将一个列车全制动距离划分为 3~4 个闭塞分区,每一闭塞分区根据与前行列车的距离确定限速值。当列车速度高于检查值时,列车自动制动。其为滞后监督方式,即在闭塞分区出口才监督是否超速,所以为确保安全,必须设有"保护区段"。固定闭塞制式的 ATC 通常采用阶梯式分级制动模式。

阶梯式分级制动模式不能满足高密度行车的需要,于是改为速度—距离模式曲线制动模式。

模式曲线是根据该闭塞分区提供的允许速度值以及列车参数和线路常数由车载计算机计算出来的(或将各种制动模式曲线储存调用)。曲线式分级制动模式的速度曲线如图 6-8 所示。准移动闭塞制式的 ATC 通常采用曲线式分级制动模式。

2) 一级制动

一级制动按目标距离制动。根据距前行列车的距离或距运行前方停车站的距离,由控制中心根据目标距离、列车参数和线路参数计算出列车制动模式曲线,或由车载计算机予以计算,按制动模式曲线控制列车运行。信息传输有数字编码轨道电路传输和无线传输两种方式。无论采用何种方式,传输的信息必须包括线路允许速度、目标速度、目标距离。一级制动方式能合理地控制列车运行速度,是列车自动控制技术的发展方向。一级制动速度曲线如图 6-9 所示。移动闭塞制式的 ATC 通常采用一级制动模式。

5. 测速与测距

1) 测速

列车运行速度的测量非常重要,列车实际运行速度是速度控制的依据。该速度值的准确度和精确度直接影响调速效果。

测速有车载设备自测和系统测量两种方法。车载设备自测有测速发电机、路程脉冲发生器、光电式传感器和霍尔式脉冲转速传感器等,它们安装在无动力车辆的轮轴上。系统测量有卫星测速和雷达测速等方法。

测速常采用的设备有:①测速发电机;②路程脉冲发生器;③光电式传感器;④霍尔式脉冲转速传感器。

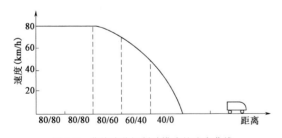

图 6-8 曲线式分级制动模式的速度曲线

注:图中"80/80"是区段"入口/出口"限制速度,其他类同。

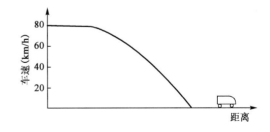

图 6-9 一级制动模式的速度曲线

2) 测距

在目标距离模式中,列车位置对于安全性至关重要。如果列车无法掌握它在线路中的准确位置,那么它就无法保证在抵达障碍物或限制区之前停下或减速。如何测量距停车点的精确距离是列车运行超速防护系统的重要任务。通过连续确定列车行驶距离，ATP车载设备可以随时查找列车的精确位置。距离信息以音频轨道电路的分界来定位，当列车经过轨道电路的分界时，距离测量被同步。

测距通过测速与轮径完成，距离测量系统记录车轮旋转的次数，考虑运行方向和车轮直径，计算出列车走行的距离。距离测量系统利用两个速度传感器测得的数据，通过两个通道进行比较。如果结果不一致，为可靠起见，取其中的最大值。ATP系统允许输入正确车轮直径，由此来确保正确测量速度和距离。

在跨越轨道电路时，如果已经接收到带有有效时间标记的新报文，则距离测量装置复位为零。

6. 速度限制

速度限制分为固定限速、临时限速、在道岔或道岔前方的限速、具有短安全轨道停车点的限速。

1) 固定限速

固定限速是在设计阶段设置的。车载ATP和ATO设备都储存着整条线路上的固定限速区信息。速度梯降级别为1km/h。它决定了"目标距离"工作模式下的可能给出的最优行车间隔。

2) 临时限速

限制速度在某些条件下（施工现场、临时危险点）可被降低。临时速度限制区段的范围总是限制在一个或多个轨道电路。在紧急情况下，通过特殊速度码，将任何一段轨道电路上的速度设置为25km/h。如果需要设置临时性限速区，可在地面安装应答器。这些应答器允许以5km/h为一个阶梯，降到25km/h。在带有允许临时速度限制的编码的轨道电路，通过设置信标实施。ATP通过设置区域限速或闭塞分区限速设置速度限制。

7. 常用制动和紧急制动

ATP车载设备具有常用制动和紧急制动两级防护控制的能力。在常用制动失效后，可施行紧急制动。

常用制动是直接控制列车主管压力，使机车制动与缓解，不影响原有列车制动系统的功能。它缩短了制动空走时间，大大减小了制动时的纵向冲击加速度，使列车运行更安全、舒适。

紧急制动是将压缩空气全部排入大气，使副风缸内压缩空气很快推动活塞，施行制动，使列车很快停下来。紧急制动时，列车冲击大，中途不能缓解，充风时间长，不能使列车安全平稳地运行。ATP车载设备收到紧急停车命令后，将使影响区域内的列车的数据信息中的"线路速度"、"目标速度"设置为零。而且一旦发出紧急制动指令时，中途不得缓解，直到停车。紧急制动的实施可通过下列三种基本方式来实现：

(1) 在列车超速、后退、移动时车门打开等情况下，直接由ATP功能提供防护。

(2) 在故障情况下（例如在需要报文时，不能接收到报文），直接由ATP功能作为安全防护。

(3) 由司机或由牵引控制设备执行，不依靠ATP功能。

如果有ATP功能直接启动，但不能被缓解的紧急制动，说明ATP车载设备出现故障。在这种情况下，必须通过使用故障开关，隔离故障设备。

8. 停站

停站包括车站程序停车和车站定位停车。

9. 车门控制

通常情况下,车辆没有停稳靠站台或在车辆段转换轨上时,ATP 不允许车门开启。当列车在车站的预定停车区域内停稳且停车点的误差在允许范围以内时,地面定位天线会收到车载定位天线发送的停稳信号,列车从 ATP 轨旁设备收到车门开启命令,ATP 才会允许车门操作,车载对位天线和地面对位天线才能很好地感应耦合并进行车门开关操作。这需要地面和车载 ATC 设备以及车辆门控电路共同配合。有了车门开启命令后,使 ATP 轨旁设备改发打开屏蔽门信号,当站台定位接收器收到此信号,便打开与列车车门相对的屏蔽门。

左右车门选择由车门开启命令来执行,此命令通过轨旁 ATP 系统取得。地面 ATP 设备还将列车停准、停稳信息送至控制中心作为列车到站的依据。车门关闭后,车载 ATP 才具备安全发车条件。车站在检查了屏蔽门已关闭好以后,才允许 ATP 子系统向列车发送运行速度命令信息,列车收到速度命令,同时检查了车门已关闭后,方可按车载 ATP 收到的速度命令出发。

六、ATP 的运行特性

1. 危险点和保护区段

危险点是不能越过的轨道区段的始端或已占用的轨道区段的始端。列车无论如何不能越过危险点,否则将导致危险情况的发生。因此,ATP 保护区段必须在危险点处终止。ATP 保护区段长度以运营条件为基础,例如轨道区段的速度限制、减速度、坡度、在距离测量中出现的误差。它确保常用制动或紧急制动的列车最迟在 ATP 保护区段末端(危险点前方)停稳。

2. 安全停车点和运营停车点

安全停车点是在危险点的基础上定义的。运营停车点在列车应停车的车站设置。运营停车点位置的设计根据运行方向确定。运营停车点无安全显示。

3. 输入数据

生成报文所需的数据由联锁设备、轨道空闲检测设备、相邻轨旁 ATP 单元和紧急关闭按钮提供。需要输入下列数据:线路上轨道区段的连接和道岔布置、设计的最大安全速度(它们被固化在 ATP 轨旁单元内)、临时限速区段、设计的安全区段、道岔设定和道岔区段的侧向限速、进路的入口、轨道空闲检测、紧急停车。

4. 列车方向保证

列车方向由司机控制台上的方向开关状态控制。ATP 根据两个速度传感器接收到的速度脉冲,安全地确定列车的方向。ATP 执行交叉检查,以确认探测到的运行方向与方向开关所选择方向一致。

5. 出入车辆段的运行

1)进入车辆段

正常情况下,列车从正线运行至车辆段内,以 ATO 模式或 SM 模式接近车辆段,且要求列车停在车辆段入口附近。然后,当列车到达合适位置,且列车速度不高于 RM 速度时,系统将提示司机选定 RM 模式。

2）车辆段内的正常驾驶

在车辆段内，没有提供 ATC 功能的轨旁设备，不可能采用 ATO 模式或 SM 模式，只能使用 RM 模式。列车运行速度监督在预定低速值（例如 25km/h）时称为 RM 速度。ATP 功能不监督驾驶方向，列车可以自由地以"前行"或"反向"的方向移动。

3）从车辆段发车

在有效的驾驶室用总钥匙打开 ATP 和 ATO 车载单元。ATP 执行自检测，并在成功地完成自检测之后启动 ATO 车载单元。只要没接收到报文，ATP 就认为列车在车辆段内，并保持在 RM 模式中。当从车辆段向正线行驶时，要求使用 RM 模式，这由车辆段的出段信号机来控制。当列车一进入正线前的转换轨，就会接收到从轨道电路发来的报文，ATP 车载单元将自动转换至 SM 模式。如满足转换到 ATO 模式的全部条件，ATO 启动按钮就会亮，司机按下 ATO 启动按钮时，ATP 车载单元将会转换到 ATO 模式。

思 考 题

1. 简述 ATC 系统组成及其主要功能。
2. ATC 系统的驾驶模式有哪几种。
3. 列车制动模式主要内容是什么？
4. 简述 ATP 系统的主要功能。

第七章　ATO 与 ATS 系统

> 内容提要
> 1. 掌握 ATO、ATS 系统的基本概念；
> 2. 熟悉 ATO、ATS 系统的组成；
> 3. 了解 ATO、ATS 系统的主要功能；
> 4. 掌握 ATO、ATS 系统的基本工作原理；
> 5. 了解 ATO 与 ATP 的关系。

第一节　ATO 系统基本原理

一、ATO 系统基本概念

ATO 系统主要用以实现"地对车控制"，即用地面信息实现对列车驱动、制动的控制，包括列车自动折返，根据控制中心指令自动完成对列车的启动、牵引、惰行和制动，送出车门和屏蔽门同步开关信号，使列车按最佳工况正点、安全、平稳地运行。

ATO 为非故障—安全系统。其控制列车自动运行，主要目的是模拟最佳司机的驾驶，实现正常情况下高质量的自动驾驶，提高列车运行效率，提高乘客的舒适度，节约能源。ATP 系统是城市轨道交通列车运行时必不可少的安全保障，ATO 系统则是提高城市轨道交通列车运行水平（准点、平稳、节能）的技术措施。

ATO 系统采用的基本功能模块与 ATP 系统相同。ATO 也载有有关轨道布置和坡度的所有资料，以便优化列车控制指令。ATO 还装有一个双向的通信系统，使列车能够直接与车站内的 ATS 系统接口，保证实现最佳的运行图控制。当列车处在自动驾驶模式下，车载 ATO 运用牵引和制动控制，实现列车自动运行。

二、ATO 系统的组成

虽然各公司的 ATO 系统结构不尽相同，但 ATO 系统的基本组成是相同的。其都由轨旁设备和车载设备组成。ATO 轨旁设备通常兼用 ATP 轨旁设备，接收与列车自动运行有关的信息。

ATO 车载设备由设在列车每一端司机室内的 ATO 控制器（包括司机控制台）及安装在列车每一端司机室车体下的两个 ATO 接收天线和两个 ATO 发送天线组成，还包括 ATO 附件，这些附件用于速度测量、定位和司机接口。ATO 车载设备通常和 ATP 车载设备安装在一个机架内。

ATO 具有一个双向通信系统,通过车载 ATO 天线和地面 ATO 环线允许列车直接与车站内的 ATS 连接,可以实现最佳的运营控制,完成下列 ATO 功能:程序停车、运行图和时刻表调整、轨旁/列车数据交换、目的地和进路控制功能。

ATO 还具有定位停车系统,为列车提供精确的位置信息,包括车底部的标志线圈和对位天线,以及每个车站 ATC 设备室内的车站停车模块和沿每个站台设置的一组地面标志线圈。

ATO 的功能不考虑故障—安全,ATO 车载单元是非故障—安全的一取一配置。ATC 显示单元不要求故障—安全,因而 ATC 显示单元采用基于商用的计算机硬件。

ATO 向列车广播设备及车厢信息显示牌提供报站信息(即目的地号、下一车站号)。

ATO 车载通信系统在所有模式中处于活动状态,向轨旁设备传输信息。

ATO 车辆报告系统在自动模式中处于活动状态,提供车站标识和车站停车状态信息。

三、ATO 系统的主要功能

ATO 系统的功能分为基本控制功能和服务功能。

基本控制功能包括:自动驾驶、自动折返、车门打开。这三个控制功能相互之间独立运行。服务功能包括:列车位置、允许速度、巡航/惰行、PTI 支持功能等。

1. ATO 系统基本控制功能

1) 自动驾驶

(1)自动调整列车运行速度。ATO 车载控制器通过比较实际列车运行速度,ATP 给出的最大允许速度及目标速度,根据线路情况,自动控制列车的牵引及制动,使列车在区间内的每个区段始终控制速度(ATP 计算出来的限制速度减去 5km/h)运行,尽可能减少牵引、惰行和制动之间的转换。

(2)停车点的目标制动。车站停车点作为目标点,由 ATP 轨旁单元和 ATS 系统控制。当停车特征被启动后,ATO 系统基于列车速度、预先决定的制动率和距停止点的距离计算出一个制动曲线,采用最合适的减速度(制动率),使列车准确、平稳地停在规定的停车点。与列车定位系统相配合,可使停车位置的误差保证在 0.5m 以下。假如列车超过了停车点,ATP 准许后退一定距离。如果超过后退速度限制值,则向列车司机发出声音和视觉报警。

(3)从车站自动发车。当发车安全条件符合时(在 ATO 模式下,关闭了车门,由 ATP 系统监视),ATO 系统给出启动显示,司机按下启动按钮,ATO 系统使列车从制动停车状态转为驱动状态。停车制动将被缓解,然后列车加速。ATO 通过预设的数据提供牵引控制,该牵引控制可使列车平稳加速。

停站时间由 ATS 控制,并传送给 ATP。另外,基于车站和方向的停车时间也储存在 ATP 轨旁单元中,用作 ATS 故障下的后备程序。

(4)区间内临时停车。由 ATP 系统给出目标点位置(例如前方有车)及制动曲线,并将数据传送给 ATO 系统车载单元,ATO 系统得到目标速度为"0"的速度信息后自动启动列车制动器,使列车停稳在目标点前方 10m 左右。此时车门还是由 ATP 系统锁住。一旦前方停车目标点取消,速度信息改为进行码后,ATO 系统使列车自动启动。假如车门由紧急开门打开,或是司机手柄被移至非零位置,那么列车必须由司机重新启动 SM 模式或 ATO 模式(如果允许)。

在危险情况下,例如按下紧急停车按钮,或是因常用制动不充分而使列车超过紧急制动曲线,由 ATP 启动紧急制动,ATO 向司机发出声音和视觉警报。5s 以后音响警报自动停止。

(5)限速区间。临时性限速区间的数据由轨道电路报文传输给 ATP 车载设备,再由 ATP

车载设备将减速命令经 ATO 系统传达给动车驱动、制动控制设备。此时,ATO 车载设备的功能犹如 ATP 系统与驱动、制动控制设备之间的一个接口。对于长期的限速区间,可事前将数据输入 ATO 系统,在执行自动驾驶时,ATO 系统会自动考虑到该限速区间。

2)无人自动折返

无人自动折返是一种特殊情况下的驾驶模式,在这种驾驶模式下,无需司机控制,而且列车上的全部控制台将被锁闭。

从接收到无人驾驶折返运行许可后,自动进入 AR 模式。授权经驾驶室 MMI 显示给司机,司机必须确认该显示,并得到授权,方可锁闭控制台。

只有按下站台的 AR 按钮以后,才实施无人驾驶列车折返运行。ATC 轨旁设备提供所需的数据以驾驶列车进入折返轨。列车将自动回到出发站台。列车一到出发站台,ATC 车载设备就会退出 AR 模式。

无人自动折返功能的输入来自车载速度/距离功能的列车当前的速度和位置,以及 ATP 速度曲线。无人自动折返功能的输出,至列车制动和牵引控制系统的命令。

3)自动控制车门开闭

由 ATP 系统监督开门条件,当 ATP 系统给出开门命令时,按事前的设定由 ATO 系统自动地打开车门,也可由司机手动打开正确一侧的车门。车门的关闭只能由司机完成。当列车空车运行时,从 ATS 接收到的指定的目的地号阻止车门的打开。

车门打开功能的输入来自 ATP 功能的车门释放、运行方向和打开车门的数据,以及来自 ATS 功能的确定目的地号。车门打开功能的输出将车门打开命令发给负责控制车门的列车系统。

2. ATO 系统服务功能

1)列车位置

列车位置功能从 ATP 功能中接收到当前列车的位置和速度等详细信息。根据上一次计算后所运行的距离,调整列车的实际位置。此调整也考虑到在 ATP 计算列车位置时,传送和接收的延迟时间,以防止打滑和滑行。

列车位置功能接收到地面同步的详细信息,由此确定列车的实际位置和计算列车位置的误差。列车位置调整范围,是 ATO 功能规定位置至接近实际停车点 10~15m 之间的任意位置,停车精度由 ATO 控制在希望的范围内。

列车位置功能的输入来自 ATP 功能的列车当前速度和位置、轨道电路信息的变化,测速单元的读入、轨道中同步标记的检测、SYNCH 环线。列车位置功能的输出用作校正列车位置信息。

2)允许速度

允许速度功能为 ATO 速度控制器提供列车在轨道任意点的对应速度值。这个速度没有被优化,只是低于当前速度限制和制动曲线给的限制。允许列车速度调整是为了能源优化或由惰行/巡航功能完成的列车运行。

允许速度功能的输入来自 ATP 功能的轨道当前位置的速度限制,以及列车制动曲线。允许速度功能的输出至 ATO 速度控制器。

3)巡航/惰行功能

巡航/惰行功能的任务是按照时刻表自动实现列车区间运行的惰行控制,同时节省能源,保证最大能量效率。

ATO 巡航/惰行功能协同 ATS 中的 ATR 功能,并通过确定列车运行时间和能源优化轨迹功能实现巡航/惰行功能。

(1)确定列车运行时间的功能。由 ATO 和 ATR 功能确定的列车运行时间,通过车站轨道电路占用完成同步。列车在 ATO 功能下,从报文给定的列车运行时间中减去通过计时器测定的已运行时间,确定到下一站有效的可用时间。确定列车运行时间功能的输入来自 ATC 轨旁功能的轨道电路占用报文,以及通过 ATC 轨旁和 ATP 车载功能来自 ATR 功能的运行时间命令。确定列车运行时间功能的输出至能源优化轨迹功能,得到下一站停车点的有效运行时间。

(2)能源优化轨迹功能。能源优化轨迹的计算要考虑加速度、坡度制动以及曲线制动。因此,整套系统的轨道曲线信息都储存在 ATO 存储器中。借助此信息,使用最大加速度、惰行/巡航功能计算出到下一停车点的速度距离轨迹。能源优化轨迹功能的输入来自确定列车运行时间功能的至下站可用的列车运行时间、ATO 存储器的轨道曲线、ATP 功能的 ATP 静态速度曲线(例如速度限制)。能源优化轨迹功能的输出至 ATO 速度控制器的速度距离轨迹。

4)PTI 支持功能

PTI 支持功能通过多种渠道传输和接收各种数据,在特定的位置(通常设在列车进入正线的入口处)传给 ATS,向 ATS 报告列车的识别信息、目的号码和乘务组号,以及列车位置数据(例如当前轨道电路的识别和速度表的读数),以优化列车运行。

PTI 功能是通过车载设备和轨旁设备实现的。由 ATC 车载设备提供的数据,通过 ATO 功能,传输到 PTI 的轨旁设备,再传给 ATS。在将信息传输至轨旁设备之前,ATO/PTI 收集数据,完成合理检查。编辑信息必需的数据从 ATS、ATC 轨旁功能、司机 MMI 功能发送至 ATO。

四、ATO 系统的基本要求

(1)根据线路条件、道岔状态、前方列车位置等,实现列车速度自动控制。列车在区间停车应尽量接近前方目的地。区间停车后,在允许信号的条件下列车自动启动。车站发车时,列车启动由司机控制。

(2)ATO 应能提供多种区间运行模式,满足不同行车间隔的运行要求,适应列车运行调整的需要;司机手动驾驶及由 ATO 系统驾驶之间可在任何时候转换;手动驾驶时由 ATP 系统负责安全速度监督,自动驾驶时由 ATO 系统给出对驱动、控制设备的命令,ATP 系统仍然负责速度监督。

(3)ATO 定点停车精度应根据站台计算长度、列车性能和屏蔽门的设置等因素选定。站台定点停车精度宜在 ±0.25 ~ ±0.50 m 范围内选择。

(4)ATO 控制过程应满足舒适度和快捷性的要求。舒适度的要求主要是指牵引、惰行和制动控制以及各种工况之间的转换控制过程的加、减速度的变化率。快捷性主要是指控制过程的时间宜短,以减少站间运行时间的影响和提高运行质量。ATO 应能控制列车实现车站通过作业。

(5)自动记录运行状态、自诊断及故障报警。

五、ATO 系统基本工作原理

1. 列车自动驾驶

和 ATP 系统一样,ATO 也存储了轨道布局和坡度信息,能够优化列车控制命令。ATO 中有一套最大安全速度数据,与 ATP 的最大安全速度数据互相独立。这样,为了保证乘坐的舒适性,ATO 可按照最大速度行驶,不过这一速度要小于 ATP 的最大安全速度。ATO 的最大速度可以任意设置,递进精度为 1km/h。

ATO 利用通过地面 ATP 设备传来的编码得知前方未被占用的轨道电路数目或者前行列车的位置,知道当前本次列车的位置,列车就可以在到达安全停车点之前,综合考虑安全因素,尽量以全速行驶。

ATO 系统的自动驾驶功能通过 ATO 车载设备控制列车牵引和制动系统而实现。为此,ATO 需要 ATP 的数据:从 ATP 轨旁单元接收到全部 ATP 运行命令、测速单元提供的当前列车位置和实际速度信息、位置识别和定位系统的信息、列车长度、ATS 通过向 ATP 轨旁单元发送的出站命令和到下一站的计划时间。

如果 ATO 自检测成功完成,且 ATP 设备释放了自动驾驶,信号显示"ATO 启动",可以实施 ATO 驾驶。

由 ATO 系统执行的自动驾驶过程是一个闭环反馈控制过程,其基本关系如图 7-1 所示。测速单元通过 ATP 向 ATO 发送列车的实际位置信息。反馈环路的基准输入是从 ATP 数据和运营控制数据中得出的。ATO 向牵引和制动控制设备提供数据输出。

ATO 模式在以下条件下被激活:ATP 在 SM 模式中;已过了车站停车时间;联锁系统排列了进路;车门关闭;驾驶手柄处于零位。

司机通过按压启动按钮开始 ATO 模式,列车加速达到计算的速度曲线。假如其中一项条件不能满足,启动无效,ATP 关闭 ATO 至牵引的控制信号。

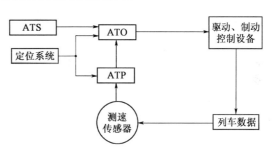

图 7-1 自动驾驶的闭环控制框图

在达到计算速度时,系统根据速度曲线控制列车运行。当接近制动启动点时,ATO 设备将自动控制常用制动使列车运行跟随制动曲线。

2. 车站程序停车

线路上的车站都有预先确定的停站时间间隔。控制中心 ATS 监督列车时刻表,计算需要的停站时间,以保证列车正点到达下一个车站。集中站 ATS 通过 ATO 环线传送给 ATO 车载设备。控制中心通过集中站 ATS 缩短或延长车站停站时间。如果控制中心离线,集中站 ATS 预置一个缺省的停站时间,该时间可通过编程实现。在控制中心的要求下,列车可跳过某车站。这一跳停命令由控制中心通过集中站 ATS 传给列车。

3. 车站定位停车

车站精确停车通过车站区域的轨道电路标识、分界过渡和 ATO 环线变换进行。轨道电路标识被用来确定停车特征的合适起始点。轨道电路分界过渡和轨旁 ATO 环线变换提供了距离分界。该距离分界用于达到要求的位置精度。

当停车特征启动后,ATO 基于列车速度、预先确定的制动率和距停止点的距离计算制动特征。ATO 遵循此特征,根据要求改变牵引和制动需求。制动率调整值通过 ATO 环线轨旁 ATO 取得。根据异常线路情况作出动态调整,并可从 OCC 或 SCR(车站控制室)中进行选择。一旦列车停车,ATO 会保持制动,避免列车运动。ATO 可以与站台屏蔽门(PSD)的控制系统全面接口,保证列车精确且可靠地到站停车。

4. 车门控制

ATO 只有在自动模式下才执行车门开启。在手动模式下,由司机进行车门操作(ATP 仍会提供一种安全的车门使用功能)。

当列车驶抵定位停车点,列车的定位天线(它接至车辆定位发送器和接收器)位于站台定位环线上方,环线置于线路中央,它连向站台定位发送器和接收器;只有当列车停于定位停车的允许精度范围内,车辆定位接收器收到站台定位发送器送来的列车停站信号,ATO 系统确认列车已到达确定的定位区域,这时 ATO 系统发出"列车停站"信号给 ATP 系统,以保证列车制动;ATP 系统检测到零速度,通过列车定位发送器发送 ATP 列车停车信号给地面站台定位接收器,站台接收器检测到此信号,将其译码,使地面"列车停站"继电器工作;此时车站轨道电路 ATP 发送器发送允许打开左车门(或右车门)的调制频率信号;车辆收到允许打开车门信号,使相应的门控继电器工作,并提供相应的广播和允许开门的信号显示,这时司机按压与此信号显示相一致的门控按钮,才可以打开规定的车门。

有了车门打开信号以后,使车辆定位发送器改发打开屏蔽门信号,当站台定位接收器收到此信号,使打开屏蔽门继电器吸起,打开与列车车门相对的屏蔽门(包括屏蔽门的数量及位置)。

列车停站时间结束(或人工终止),地面停站控制单元启动车站 ATP 模块,轨道电路停发开门信号,车辆收不到开门信号,使门控继电器落下。司机按压关门按钮,关闭车门;与此同时,车辆停发打开屏蔽门信号,车站打开屏蔽门继电器落下;车站在检查屏蔽门已关闭及锁闭好后,才允许 ATP 系统向轨道电路发送运行速度命令信息,车辆收到速度命令的同时,检查车门已关闭和锁闭、ATO 发车表示灯点亮,列车可按车载 ATP 收到的速度命令进行出发控制。

车门控制系统在发出车门关闭请求后,如果发生车门关闭被阻止时,车门将会循环关闭。如果车辆在"x"秒后还探测不到车门关闭,将告知车辆报告系统(VAS),同时产生一条关于关闭车门被阻止的报告。然后,车门在"y"秒的延迟后请求关闭。在"z"秒后,如果车门还是被检出没关,车门将会打开,一条关门受阻的报警就送到轨旁设备。"x"、"y"、"z"的时间从 1~15s 可改变。

5. 轨旁/列车数据交换

列车与轨旁的通信是非安全的。任何情况下,控制中心需要与列车通信时,轨旁设备都作为数据交换的接口。

列车发到轨旁的数据:分配列车号;目的地;车门状态;车轮磨损表示(从 ATP 到控制中心);在接近车站时制动所产生的过量车轮滑动;紧急情况或异常情况(比如不正确的开门)。轨旁发到列车的数据:车辆车门开启命令;列车号的确认;列车长度;性能修改数据;出发测试指令;车门循环测试;主时钟参考信号;跳停指令;搁置命令;申请车载系统和报警状态。

6. 性能等级

性能等级是列车标识的一部分,可被中央 ATC 修改。列车从轨旁接收到由中央 ATC 所确定的性能等级。性能等级由速度限制、命令的加速、预定的减速构成。为了减少数据的传输量,列车上有一张包括六个性能等级的表,为了修改当前性能等级,中央 ATC 发送单数字命令。

7. 滑行模式

滑行模式是一种额外的性能等级,其要求是级别 1~5 处于有效状态,并且当申请滑行时,目标速度大于40km/h。滑行模式会使列车在上电的间隙进行滑行,并且允许列车的实际速度在重新上电之前下降11km/h。

六、ATO 与 ATP 的关系

在"距离码 ATP 系统"的基础上安装 ATO 系统,列车就可采用手动方式或自动方式进行驾驶。在选择自动驾驶方式时,ATO 系统代替司机操纵,诸如列车启动加速、匀速惰行、制动等基本驾驶功能均能自动进行。然而,不论是由司机手动驾驶还是由 ATO 系统自动驾驶,ATP 系统始终执行其速度监督和超速防护功能。可以这样认为:手动驾驶 = 司机人工驾驶 + ATP 系统;自动驾驶 = ATO 系统自动驾驶 + ATP 系统。

三种制动曲线如图 7-2 所示。曲线①表示列车的紧急制动曲线,由 ATP 系统计算及监督。列车速度一旦触及该制动曲线,立即启动紧急制动,以保证列车停在停车点。曲线①对应于列车的最大减速度,一旦启用紧急制动,列车务必停稳后经过若干时间才能重新启动。因此,这是一种非正常运行状态,应该尽量避免发生。曲线②表示由 ATP 系统计算的制动曲线,在驾驶室内显示出最大允许速度,它略低于紧急制动曲线(之间的差值通常为 3~5km/h)。当列车速度达到该曲线值时,应给出告警,但不启用紧急制动。显然,

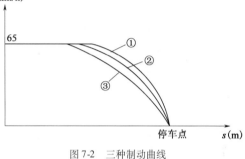

图 7-2　三种制动曲线

曲线②对应的列车减速度小于曲线①的减速度,一般取与最大常用制动对应的减速度。曲线③则是由 ATO 系统动态计算的制动曲线,也即正常运行情况下的停车制动曲线。通常将与此曲线对应的减速度设计为可以达到平稳地减速和停车的目的。

从图 7-2 中这三条停车制动曲线可以明显地看出:ATP 系统主要负责"超速防护",起保证安全的作用;ATO 系统主要负责正常情况下列车高质量地运行。

因此,ATP 是 ATO 的基础,ATO 不能脱离 ATP 单独工作,必须从 ATP 系统获得基础信息。而且,只有在 ATP 的基础上才能实现 ATO,列车安全运行才有保证。ATO 是 ATP 的发展和技术延伸,ATO 在 ATP 的基础上实现自动驾驶,而不仅仅停留在超速防护的水准上。

第二节　ATS 系统基本原理

一、ATS 系统的基本概念

ATS 系统主要实现对列车运行的监督和控制,包括:列车运行情况的集中监视、自动排列进路、自动列车运行调整、自动生成时刻表、自动记录列车运行实迹、自动进行运行数据统计及自动生成报表、自动监测设备运行状态等,辅助调度人员对全线列车进行管理。相关资源见二维码9。

ATS 系统主要是实现对列车运行及所控制的道岔、信号等设备运行状态的监督和控制,给行车调度人员显示全线列车的运行状态,监督和记录运行图的执行情况,在列车因故偏离运行图时及时作出调整,辅助行车调度人员,完成对全线列车运行的管理。

ATS 在 ATP 和 ATO 系统的支持下,根据运行时刻表完成对全线列车运行

二维码9

的自动监控,可自动或由人工监督和控制正线(车辆段、停车场、试车线除外)列车进路,并向行车调度员和外部系统提供信息。ATS 功能由位于控制中心内的设备实现。

ATS 系统功能主要包括:时刻表编辑、列车运行监视、列车自动调整、自动排列进路等。

ATS 工作方式为集中管理,分散控制。

ATS 系统能与 ATP 系统、计算机联锁设备或继电联锁设备配套使用,并有与时钟系统、旅客向导系统和综合监控系统的接口。

ATS 系统负责监控列车的运行,是非安全系统。

二、ATS 系统组成

ATS 系统由控制中心设备、车站设备、车辆段设备、列车识别系统及列车发车计时器等组成。

(1)控制中心设备是 ATS 的核心。其作用是:用于状态表示、运行控制、运行调整、车次追踪、时刻表编制及运行图绘制、运行报告、调度员培训、与其他系统的接口。

控制中心 ATS 设备主要包括:中心计算机系统、综合显示屏、调度员及调度长工作站、运行图工作站、培训/模拟工作站、绘图仪和打印机、维修工作站、UPS 及蓄电池。其中,综合显示屏、调度员及调度长工作站设于主控制室,控制主机、通信处理器、数据库服务器、维修工作站设于设备室,运行图工作站设于运行图室,绘图仪和打印机设于打印室,培训/模拟工作站设于培训室,UPS 设于电源室,蓄电池设于蓄电池室。

(2)车站设备。车站分集中联锁站和非集中联锁站,设备不同。

①集中联锁站设备。

集中联锁站设有一台 ATS 分机,是 ATS 与 ATP 地面设备和 ATO 地面设备接口,用于连接联锁设备和其他外围系统,采集车站设备的信息,传送控制命令,使车站联锁设备能接收 ATS 系统的控制,以实现车站进路的自动控制。为从联锁设备取得所需数据,配备了采用可编程控制器的远程终端单元。它还控制站台上 PIIS 的列车目的显示器、列车到发时间显示器和发车计时器 DTI。

车站 ATS 设备的功能有:a.接收、存储其管辖范围内当日的列车计划时刻表;b.根据计划时刻表及列车运行情况,自动控制及办理管辖范围内的列车进路,包括进、出正线,终端站折返进路等;c.特殊情况下,可以按控制中心设定的运行间隔控制列车运行;d.根据计划时刻表自动控制列车到站及出发时刻;e.采集管辖范围内的所有车站的列车运行信息、设备工作状态,并将这些信息送至控制中心 ATS;f.实现本管辖范围内的列车车次追踪;g.控制无道岔车站的 RTU 设备,并向相邻的 ATS 设备传送有关信息;h.控制 ATO 地面设备,向列车传送运行控制信息。

②非集中联锁站设备。

非集中联锁站不设 ATS 分机。非集中联锁站的 PTI、PIIS 和 DTI 均通过集中联锁站的 ATS 分机与 ATS 系统联系。有岔非集中联锁站的道岔和信号机由集中联锁站的计算机控制,通过集中联锁站的 ATS 分机接收 ATS 系统的控制命令。

(3)车辆段设备。包括 ATS 分机和车辆段终端。

(4)列车识别系统(PTI)。

(5)列车发车计时器(TDT)。

三、ATS 系统的基本要求

ATS 系统的基本要求如下：

(1) 一个 ATS 系统可监控一条或多条运营线路，多条运营线路共用，可实现相关线路的统一指挥，并且也有利于实现资源的共享。监控多条运营线路时，应保证各条线路具有独立运营或混合运营的能力。

(2) ATS 的计算机及网络系统应采用冗余技术，设调度员工作站、调度长工作站、时刻表编辑工作站、工程师工作站，以及其他必要的设备。调度员工作站的数量，根据在线列车对数、线路长度和车站数量等因素合理配置。

(3) 运营线路上的车站应纳入 ATS 系统监控范围，涉及行车安全的应急直接控制，由车站办理。车辆段、停车场可不全部列入系统监控范围。

(4) ATS 系统应满足列车运行交路的需要，凡有道岔的车站均应按具有折返作业处理。

(5) 出入车辆段、停车场的列车不应影响正线列车的运行。

(6) 系统故障或车站作业需要时，经控制中心调度员与车站值班员办理必要的手续后，可实现站控与遥控转换，车站值班员也可强行办理站控作业。站控与遥控转换过程中，不应影响列车运行。

(7) 列车进路控制应以联锁表为依据，根据运行时刻表和列车识别号等条件实现控制。

(8) ATS 系统应具有良好的实时控制性能。系统处理能力、设备空间等应留有余量。信息采集周期宜小于 2.0s。

(9) ATS 系统可与计算机联锁或继电联锁设备接口；ATS 系统的进路控制方式应与联锁设备的进路控制方式相适应；ATS 系统控制命令的输出持续时间应保证继电联锁设备的可靠动作，其与安全相关的接口应有可靠的隔离措施。

(10) ATS 系统宜从时钟系统获取标准时钟信号。

四、ATS 系统主要功能

ATS 系统具有下列主要功能：

(1) 列车监视和跟踪。进行在线列车的监视、跟踪、车次的移位及显示。

①列车监视。列车监视是用计算机再现列车的运行。列车运行由轨道空闲和占用信号来驱动。列车由车次号来识别。ATS 给 MMI、旅客信息显示系统、模拟线路表示盘提供列车位置和车次号。

②车次号输入、追踪、记录和删除。列车车次号是 ATS 功能的先决条件，必须在固定时间内提出。当列车由车辆段或其他地点进入正线运行时，ATS 系统将根据计划时刻表自动给计划车加入车次号。列车车次号输入用于修改和确认列车车次号。输入方式有：在读站自动输入车次号、时刻表系统提出车次号、系统自动生成虚假车次号、调度员人工输入。车次号在该列车通过该站时被记录，出错时调度员可用另一车次号予以替代。车次号从列车在车辆段开始至全部正线连续追踪，在中心表示盘及显示器上的车次窗内随着列车运行的位置动态显示。调度员可人工修改，并能由车次查出对应车组号。车次号删除是从 ATS 系统中清除车次号记录，在被监视到离去本区段、被覆盖时删除，也可人工删除。

③列车运行识别。列车运行由轨道占用信号，从"空闲"到"占用"的翻转识别。监测到的运行列车，在计算机屏幕上显现。

④集中显示。控制中心表示分为大屏表示盘(大屏幕显示屏)和显示器。在站场布置图上显示正线全线列车运行及信号设备的工作状况,如列车位置及车次号、信号显示、道岔位置、轨道电路状态、进路状态及开通方向、车站控制状态(站控或遥控)、行车闭塞方式(自动闭塞或站间闭塞)、站台扣车状态、信号设备报警等,以及根据调度员的需要在显示器上显示车辆段内列车运用状况及各种报告。

(2)时刻表处理。包括安装、修改、存储时刻表,描绘、显示和打印实迹运行图。

(3)自动建立进路。控制中心能对列车进路、信号机、道岔实现集中控制,根据当日列车运行计划时刻表自动控制列车运行。包括:自动办理正线各种进路并控制办理的时机,自动控制列车驶入、离开正线的时机,自动控制车站列车停车时间及发车时机。必要时,通过办理控制权转移手续,可将控制权转移至车站。

调度员必要时可人工控制,包括人工建立及取消正线各种进路等。在执行调度员人工控制命令前,均由中心计算机检查其合理性,并给出提示。

自动建立进路功能,形成控制道岔位置命令,在适当时间向信号系统发送这些命令。将列车车次号和位置信息、道岔位置和已选信号系统的信息提供给自动建立进路系统,命令输出由接近列车的监测和进路计划控制。

(4)列车运行调整。不断地对计划时刻表与实际时刻表进行比较,通过调整停站时间自动调整列车按计划时刻表运行,在此基础上自动产生列车出发时间。在装备有 ATO 的线路上,通过对列车运行等级的设置实现对列车运行的自动调整。

调度员可通过人工命令调整列车停站时间来调整列车运行。

(5)旅客信息显示系统。用来通知等待的乘客,下一列车的目的地和到达时间。

(6)列车确实位置识别。列车识别码由司机在开始旅程前选定,由列车自动发送。

(7)服务操作。操作员能修改数据库、列车参数、控制与显示数据库信息。

(8)仿真及演示。系统仿真是通过仿真手段,离线模拟列车的在线运行,主要用于系统调试、演示以及人员培训,是一种必不可少的运行模式,与在线控制模式几乎完全相同,唯一差别是列车定位信息不是实际获取,而是随车次号的设置而出现。运行能够仿真在线控制中的所有功能,但它与现场之间没有任何表示信息和控制命令的信息交换。培训/演示系统具有模拟时刻表,模拟列车运行的调度等,可记录、演示,据此对学员进行实际操作的培训。

(9)遥控联锁。联锁设备由远程控制系统操作,它提供了与运营控制系统的接口界面。

(10)运行报告。ATS 能记录大量与运行有关的数据,如列车运行里程数、实际列车运行图、列车运行与计划时间的偏差、重大运行事件、操作命令及其执行结果、设备的状态信息、设备的故障信息等。ATS 系统所记录的事件都应该有备份。通过选择,可回放已被记录的事件;提供数据备份和恢复功能,并可回放和查询;提供运行分析报告。ATS 中心可提供多种报告,辅助调度员了解列车运行情况,以及系统工作情况。调度员还可调用列车运用计划并进行修改,并可登记、记录、统计数据、离线打印。ATS 系统可按用户的要求提供各种统计功能,以完成各种统计报表(如日报表、周报表、月报表等)。

(11)监测与报警。能及时记录被监测对象的状态,有预警、诊断和故障定位能力;监测列车是否处于 ATP 保护状态;监测信号设备和其他设备结合部的有关状态;具有在线监测与报警能力;监测过程应不影响被监测设备的正常工作。

在相应工作站上,报告所有故障报警的状况并予以视觉提示,直到恢复正常状态为止。重要的故障以音响报警提示,直到确认报警状况为止。

要报警的不正常状况包括:轨旁 ATC 系统内的故障;轨道电路和轨旁设备内的故障;车载 ATC 系统和车辆设备内的故障;通过 TWC 传送的车载 ATC 状态信息和在 DTS(光纤通信系统)设备内检测出并由 DTS 报告的故障。

五、ATS 系统基本原理

1. 自动列车跟踪

列车跟踪系统监视受控区域内列车的移动。不论是自动还是人工方式,每列列车与一个列车车次号相关连。当列车由车辆段进入正线运行时,ATS 系统根据计划时刻表自动给该列车加入车次识别号。根据来自联锁设备的信息的推断,随着列车前进,列车车次号在列车追踪系统中从一个轨道区段单元向下一个轨道区段单元移动。列车移动在调度员工作站的车次号窗内以列车识别号显示。车次号按先到先服务原则显示。

1)列车识别号报告

每次列车准备进入运营时,将自动地被分配一个列车标识,根据预先存储的列车时刻表,命名进入系统的列车。根据列车跟踪,显示列车标识并能在显示器上移动列车标识。

列车识别号包括目的地号、序列号和服务号。目的地号规定列车行程终到地点。序列号按每次行程自动累增。乘务组号和车组号将显示在特定的对话框中。

如果某一列车出现在列车追踪系统所监视区域,必须将该列车识别号报告给列车追踪系统。将列车识别号报告给列车追踪系统的方法有:手动输入、用读点(PTI)读入、从列车时刻表中导出、在步进检测中产生。

当无法自动导出列车识别号时,必须手动输入。调度员在其监视区的第一个区段输入列车识别号。如果该区段已被某一列车识别号占用,则不能输入列车识别号。

在系统的边界点,例如车站,可安装检测接近列车的 PTI。当多次读入的车次号被传输时,列车自动追踪系统可以识别出这些读数属于这一列车。

列车运营由时刻表决定,时刻表系统建议列车的识别号。将车次号输入到相应进入的区段,按它们的出现顺序调用。

步进是列车号从一个显示区段移动到下一个与列车移动相应的显示区段的前进。当轨道区段发生从空闲到占用的状态变化,或轨道区段发生从占用到空闲的状态变化,或来自 PTI 的有效列车数据的输入,或来自 OCC MMI 功能的人工步进命令的输入时,都会产生步进。如果由于故障不能自动步进,也可手动步进。

2)列车识别号跟踪

自动列车跟踪要完成:列车号定位、列车号删除、车次号处理。

(1)列车号定位。列车号向轨道区段的分配由下列任一情况所启动:在列车离开车辆段时,一个向正线方向的列车移动被识别,列车号从时刻表数据库取出;来自 PTI 的有效列车数据输入;来自 OCC MMI 的一个列车号插入或修改的输入,或在没有列车号能被步进到的位置识别到一个列车移动时,依照时刻表产生一个列车号。

(2)列车号删除。当步进超出自动列车跟踪功能的监控范围,或从 OCC MMI 功能输入一个人工删除命令时列车号被删除。

(3)车次号处理。车次号处理包括:从 OCC MMI 功能输入一个新的列车号、输入列车识别号、更改列车识别号、删除列车识别号、人工步进列车识别号、查询列车识别号。

2. 自动排列进路

列车进路系统,实现了进路的自动排列,可节约调度员大量的操作工作量。其功能是将进路排列指令及时地输出到联锁设备中。

调度员可在任何时候都绕过列车进路系统,用手动方式办理进路。列车进路系统则在可用性检查中检测这一行动。列车进路系统可由调度员关闭,这一点是必要的,当调度员人工办理进路时,要避免列车进路系统发出命令的危险。列车进路系统可以为某些信号机、某些列车和某些联锁而关闭。

只有正常方向才考虑自动选路,反方向要受到 OCC MMI 的干预。

3. 时刻表系统

时刻表系统要完成:时刻表数据管理;向其他功能模块提供时刻表数据;向外部系统提供时刻表数据;为停站时间时刻表的在线装载设置界面;为时刻表的离线修改设置界面;为使用中的时刻表增加或删除一个列车行程设置界面;按自动列车追踪请求安排列车识别号。

ATS 设备包括时刻表数据库,该时刻表数据库里存储有 ATS 功能要求的所有时刻表信息。时刻表数据库里的信息是由时刻表计算机提供的。

1) 时刻表编辑

时刻表的编制和修改在离线模式下,用给定的数据在时刻表编辑器中编辑。基本数据代表一列列车在某段线路上的运行。基本数据包括:站间旅行时间、车站与折返线之间的旅行时间、折返线上的停留时间。时刻表包括到站和离站时间。为了编制时刻表,调度员必须通过时刻表编辑界面输入以下数据:运行始发时间、运行始发地点、运行终到站、每一运行间隔阶段的开始时间和终止时间、每一运行间隔阶段(一个时间段,当日对所有列车有效)的运行间隔。调度员通过时刻表编辑界面输入必要的信息后,时刻表编译器/模拟器从该信息中综合出所需时刻表。如果新的时刻表存在冲突,就会被显示。调度员可以调整时刻表的结果。如果调度员存储时刻表,时刻表就被确定。

2) 时刻表系统处理程序

手动选择当天运行的时刻表,这样的时刻表当天运行有效。时刻表查询功能通过向时刻表系统查询,得到列车的计划到达或出发时间及到达下一站的时间。列车自动调整从时刻表系统得到用于列车调整的时刻表数据。如果列车识别号在列车自动追踪时丢失,则向时刻表系统询问列车识别号,时刻表系统能给出一个列车识别号的建议。对此,确定的列车识别号是(按当天时刻表)预定的地点和时间最适当的车次。

3) 时刻表比较

时刻表比较器比较时刻表上预定的到达或出发时间与当前列车的到达和出发时间,为列车运行图表示器和自动列车跟踪提供列车与当前时刻表的偏差,启动列车自动调整。若时刻表偏差超过这一规定值,时刻表偏差通过 MMI 给以显示,时刻表比较器进而给列车自动调整指令,以调整列车的运行,其目标是补偿列车的实际偏差。此时,更新乘客信息显示盘上的列车到达时间。

4. 列车自动调整

由于许多随机因素的干扰,列车运行难免偏离基本运行图,尤其是在列车运行密度高的城市。一列列车晚点往往会波及许多其他列车。当出现车辆故障或其他情况时,列车运行紊乱程度更加严重。这就需要从整体上大范围地调整已紊乱的运行秩序,尽快恢复运行。人工调整很难尽善尽美。采用自动调整方法,可以充分发挥计算机的优势,能比较及时并全面地选出优化的调整方案,使列车运行调整措施更智能化,避免人工调整的随意性。同时,调度员也可以积极发挥主观能动性,尽一切可能主动干预列车运行调整。

5. 记录功能

按顺序和类别存档从其他 ATS 功能得到的信息,例如操作信息和错误信息。能够通过 MMI 功能检查记录。记录序列存放在 MMI 工作站上,必要时能够回放。

收到操作信息和错误信息时,按事件和起因(联锁功能、ATS 功能、操作系统或联锁命令)分类。每个信息的文本和类别按时间顺序储存在操作记录上。

ATS 系统的记录和回放功能,允许 MMI 工作站记录显示在监视器上的事件。记录和回放功能只在控制中心的三个调度员工作站上有效,并将在这些工作站记录 MMI 监视器显示的画面。

6. 列车运行图显示

列车运行图在线路—时间坐标上显示。横坐标是线路轴,纵坐标是时间轴。线路上的车站按次序描绘在线路轴上。

在计划运行图中,显示预定的到站和离站时间。

在实迹运行图中,显示当天计划运行图,以及与时刻表的偏差。实迹运行图与相应计划运行图用不同的颜色对比显示。

各种运行图的每一运行线,都标示了线路标志和列车行程号。时刻表偏差显示在相应列车的运行线边,该偏差表示相应列车通过该车站的发车时间偏差。

通过列车运行图显示功能可执行下列操作:设置运行图颜色;放大部分运行图;调出时刻表;调出当前运行图。

7. 培训/演示

培训/演示系统能完整测试 ATC 系统全线的列车运行调整和列车跟踪功能的有效性。此外,模拟应能验证特定时刻表的有效性。模拟功能是交互式的,允许调度员输入。培训/演示系统具有两种供学员选择的模式:一是列车运行模式,在该模式下学员可以通过选择某一联锁管辖区,由显示器上观察该区的工作情况,作为系统的初步培训;另一模式为指令模式,在该模式下,学员可进行各种命令输入,并能通过显示器动态地给出命令响应,如果命令错误,自动给出提示报警。由此可对学员进行实际操作的培训。

六、ATS 系统运行

1. ATS 正常运行

ATS 系统的正常运行,在大部分情况下,是自动进行的,无需调度员干预。由于车站 ATS 分机可存储管辖范围内的当日运行时刻表,中心一般仅为监视,而由 ATS 分机进行列车运行的自动控制。

车站的 ATS 处理器通过信号系统收到轨道电路占用信息,监视列车运行情况,据此为列车办理进路。办理哪条进路以及何时办理进路的依据是时刻表,或者根据调度员为该列车提前指派的目的地信息。

ATS 分机可以对列车驾驶曲线作细微的调整,以遵守时间表规定的出发时间。停站时间可以调整,ATO 滑行开关控制参数可以修改。

调度员工作站对时刻表所作的其他修改内容也将传达给ATS分机,并用来确定新的出发时间。

当列车接近某个ATS分机的控制区边界时,该ATS分机就将列车资料传给同一条线上的下一个ATS分机,这样收取这些资料的下一个ATS分机,可以为列车办理所需的进路。

ATS分机将有关其控制区内的列车和信号设备(轨道、道岔、信号机等)的信息传给OCC中的ATS设备,这些信息在工作站的屏幕上显示,供调度员监控,并在显示盘上显示整个线路的情况。如果正常的自动运行发生问题(例如要求的进路无法设定)时,ATS分机向OCC发出报警信号,要求调度员人为干预。调度员也可以根据需要,脱离系统的自动运行,而ATS能提供对列车分配、进路办理和道岔转换的全面人工控制。车辆段内的ATS设备没有自动运行模式。

2. 列车调度

ATS系统用列车时刻表自动地和人工地调度列车。在培训/演示计算机上生成时刻表并下载到ATC主机服务器上。由系统维护的4类时刻表包括:日常、周六、周日、假日和特殊时刻表。在同一时间只使用一种时刻表。在每晚的预定时间,系统将设定次日的时刻表。在设定之前,调度员有权选择为次日建立的时刻表类型。如果没有选择,系统将自动地选择相应的符合本周本日的时刻表类型。

列车调度数据包括:列车标识号、转换区和终端区的出发时间、车站到达和出发时间、每列车的起始站和终点站。

调度员接口包括用鼠标/键盘插入、移动、交换、撤除列车跟踪标识号的功能。"插入列车"的功能将引入一列计划或非计划列车进入系统,并在指定的轨道区段上方显示列车的标识号。"移动列车"功能是将一列计划或非计划列车的标识号从一个显示位置移到另一个位置。"交换列车"功能是用于交换两个列车标识号的位置。还包括调度员编辑列车出发数据、到达时间和目的地标识号的功能。"撤除列车"功能是从系统中撤销早先进入的列车标识号,并取消显示。

ATS系统从转换区和终端区以及车站之间的正线调度和跟踪列车。基于当前预存时刻表,给被检出的列车配上一个标识号。在计划出发后的规定时间内,若一列车没有出清联锁区,则向调度员发出报警。在每个车站转换线,随后的三列计划列车,将在值班员的CRT上显示,系统调度和跟踪进出车辆段的列车。ATS系统将实际的标识号与时刻表中的列车标识号相比较。如果它们相同,系统将为列车设定一条进路进入下一车站。如果这些标识号不同,系统将产生一条报警。

在列车计划出发前的一个指定时间段内,列车没有到达转换区或终端区,将引发值班员控制台处的一条报警。

列车要出发时,ATS系统通过列车出发指示器发送一个指示给司机。

3. 列车控制

ATS系统以自动控制或人工控制模式来控制和调整列车。系统将根据从本地接收到的轨道表示信息连续地跟踪列车,并在工作站显示器和显示盘的轨道图上显示每列车的位置。在与每条轨道相关的地方显示列车标识号。列车标识号将自动跟随轨道表示而变化。利用这种方式,在整个范围内可监督列车的运行。在运营中,系统维持每一列车的跟踪记录,包括列车在每个车站的到达和出发、实际走行时间、计划走行时间以及实际与计划走行时间的差值。通过列车进入跟踪时所派给它的列车识别号,可以找出列车记录。

系统提供一组控制功能,调度员用这些功能可人工指挥通过其控制区域的列车。这些功能包括启动道岔、设置进路、取消进路和关闭信号。"进路设定"功能将发送控制命令给车站,排列和开通一条进站或出站进路。如果在联锁区有一条以上的进路可以使用时,将从优先表中选择进路。如果优先进路不能使用,则选择顺序中的下一条进路。"启动道岔"功能发送控制命令给车站以转动道岔。"关闭信号"功能发送控制命令给车站,取消已开放的信号。

4. 运行图/时刻表调整

在每个车站,集中站 ATS 与控制中心 ATS 相连,将运行图和时刻表的调整信息传给列车。

运行图调整由控制中心确定,控制中心通过计算得到保证列车正点到达下一个车站所需要的运行图。有 6 个运行等级加一种滑行模式可供选择。典型的调整是改变运行等级,包括设置最大速度和加速度。启动滑行模式也可影响运行时间。控制中心将运行图调整信息传到轨旁 ATS 再传到列车。

时刻表储存在集中站 ATS 中,必要时也可从控制中心获得。只能选择一个时刻表。

发生控制中心离线时,指定的集中站如终点站使用缺省的调度时刻表,进行列车调度。缺省的调度时刻表基于每天、每周的运行建立,可由本地编程或由控制中心控制。

5. 目的地/进路控制

列车进路在正常情况,通过车地通信系统的进路申请建立,该申请受控制中心的监督。如果控制中心同意进路申请,进路可执行。控制中心的操作员只在异常条件下才会干涉。控制中心能拒绝任何进路申请。在异常情况下或者存在不同的进路要求时,控制中心将干涉。如果申请的进路不满足控制中心的要求,控制中心将发出报警并将进路置为手动。

轨旁设备可从控制中心、车站 ATS、接近轨道电路接收进路申请。

在有车地通信环线的任何集中站,车站 ATS 都能通过轨旁车地通信模块询问列车的目的地编号。车站 ATS 在时刻表中查找列车车次号,向联锁设备发送进路申请,由联锁设备选择需要的道岔和信号机以建立进路。车站 ATS 也向控制中心传送进路信息。如果控制中心同意进路申请,列车就可以在完成停站时间后离开车站。如果控制中心离线并且车地通信申请的进路有效,则进路不需批准即可执行。如果控制中心离线而车地通信申请的进路无效,则进路不会执行。如果车站 ATS 失效,则通过接近出清自动地排列进路。

6. 自动排列进路

在中央自动模式(CA)中,系统根据当前时刻表,自动地请求排列进路。通过使用时刻表和由系统采集的实际列车数据(实际到达/出发时间和实际到达/出发进路),计算机将检测冲突,提议解决的方法,以有效和及时的方式自动设置进路。

只有当列车和车站的控制模式都设在 CA 模式时,才能自动为列车排列进站进路。系统提供修改列车和车站控制级别的功能。"设定车站控制级别"功能请求设定本地、人工或自动控制等级。"设定列车控制级别"功能将一单独的计划列车的控制等级设为自动或人工。在CA 模式下,系统基于自动排列进路规则,设置列车前方的最佳进路号码。如果所要求的进路因故没有开通,或一列列车在预定的时间因故未离开车站,则向调度员发出一条报警信息。

如果调度员人工排列一条不同于计划进路的列车进路进站,则自动排列进路功能认为调度员改变到达进路,将不为该列车排列出站进路。当列车到达站台时,系统试图在列车出发前1min 设置出站进路。若列车晚点,系统将在停站时间结束前 1min 设置出站进路。用设定最小停站时间功能,可以人工调整停站时间。

"自动提议"功能能确定列车冲突,然后提出可能解决的办法。当停站列车离站时,"自动提议"功能可被人工或自动触发,将所提议的解决办法提供给调度员加以确认。应说明的是,所有解决办法均需调度员确认,也就是说,调度员确认列车不可以偏离其时刻表。

7. 历史数据记录

系统采集所有列车、车站信息和出现的报警,这样做是为了编辑一份完整的系统运行历史。数据写入磁盘供以后分析用,并可将其归档供长期储存。所记录的列车数据包括:计划和实际到达时间、计划和实际出发时间、计算的计划偏差。

可以联机检查数据,或在网络打印机中的一台打印出来。显示的格式是易读的,并且按列车或车站组织。根据接收到的轨道表示,确定联锁区之间的列车实际走行时间,计算列车计划走行时间与实际走行时间的偏差并记录。通过使用"列车的计划时间"或"车站的计划时间"功能,检查所记录的运行图偏差。"列车的计划时间"功能将显示列车通过全部车站计划的、实际的和偏差的时间。"车站的计划时间"功能将显示所有的列车通过指定车站的计划的、实际的和偏差的时间。如果列车超出了晚点阈值,则认为列车晚点到达车站。由调度员或系统管理员调整晚点的阈值。

系统记录所有动作,诸如轨道电路占用、信号机和道岔的状态、进路设定和解锁数据以及列车运行等。所有采集到的信息都可以用文字或图形的格式在线查看。

如果指定了文字格式,则数据打印或在屏幕上显示。这类格式化的数据展示了所记录的控制和表示的顺序,以详细检查特定车站内所发生的事件。一个调度员或所有调度员都可以请求数据,并可按指定的时间或时间范围请求数据。

如果指定图形格式,必须由指定的调度员在指定的时间请求数据。在工作站上显示的信息与事件发生时的一样,用连续更新时间显示,描述每个事件实际出现的时间。系统还能加速、减速或暂停重放图形显示。

由系统采集来的全部数据,被储存在磁盘上最少72h(这个缺省值可由调度员或系统管理员联机调整)。将数据从系统删除之前,可自动进入磁盘备用。系统不能自动地从磁盘中再次调用数据。由于系统只能使用驻留在磁盘上的文件,因而为了分析72h以前的数据,系统管理员需要先恢复已存入磁盘的备用数据文件。这类处理过程能通过使用系统文本和可能提供的命令程序来简化。

8. 其他支持功能

1) 模拟

模拟功能能模拟响应调度员控制和系统发生事件时中央ATC系统的表示。列车运行、轨旁表示和TWC表示都被精确地模拟,以便能对列车时刻表和算法进行测试。所有模拟对控制中心控制命令的轨旁回应时间都通过一个文本数据库来进行配置。对于每一轨道运行时间也通过一个文本数据库来进行配置。

2) 调试

调试功能给用户提供软件系统内部作业的接口,允许输入和扫描内部信息。调试功能是一个软件开发和故障查找的诊断实用程序,并且供熟悉控制中心ATC系统软件的维修人员使用。调试功能可用于诊断由中央启动控制所遇到的问题。通过参照编码和功能分配表,维修人员可以扫描输出控制和进入现场点,以便确定问题的来源。

如果看到预期的控制,而未看到预期的表示,则问题来源可以缩小,排除了控制中心 ATC 系统的软件问题。

调试功能还可以与培训的模拟器一起使用。因为模拟器功能生成响应调度员控制的所有预期现场表示,调试功能可以用来促成一个非预期的表示或生成一个模拟报警条件。以此方式,调度员可在系统运营之前熟悉处理过程。

3) 重放

重放功能提供重放功能的用户接口。重放功能允许请求、检查和控制一段重放时间。在输入有效重放请求时,重放功能恢复存储的数据并处理数据文件,然后用户能检查所要求数据的重放。

重放的时间基于存储数据,是给用户提供了图形化的系统状态再现,影响系统状态的作业。重放允许用户交互使用。当用户输入有效时间时,重放尝试从硬盘驱动器或依附于控制中心 ATC 主机服务器处理器的磁盘,恢复已经存储的配置文件。如果没有找到文件,重放将发送一条信息给用户。

4) 构成常备时刻表

该功能给用户提供了生成新时刻表、编辑已有时刻表和修改日历数据的接口,控制中心 ATC 系统用日历数据自动选择时刻表。在生成新时刻表时,系统提供了减少由用户输入所需数据量的特性。该功能是一个独立可执行的功能,培训/演示工作站约定管理器窗口内的应用程序菜单启动,为用户提供输入和修改列车时刻表以及日历信息的能力。该功能只能由某一个用户在培训/演示工作站上使用。由于构成常备时刻表功能在培训/演示工作站上使用,并且被设计成单用户操作,所以不用文件锁闭机制来阻止多用户修改同一时刻表。

该功能只与脱机时刻表数据一起应用,时刻表数据库的访问受限制,并由用户来控制。直到新时刻表被编入控制中心 ATC 主机服务器,任何脱机时刻表的变化均不会影响联机系统。不存在对这些时刻表和日历文件的自动版本管理。用户在对文件作修改前,可以拷贝一个时刻表或日历文件到不同文件名中,这样,修改之前的时刻表或日历文件能再恢复。

9. 故障模式运行

1) 控制中心工作服务器故障

若工作服务器发生故障,自动开关就会探测到,然后把控制权转交给备用服务器,备用服务器即成为工作服务器。

为了响应控制中心发出的信息要求,每个车站 ATS 将其控制区内的信号设备和列车的完整信息传送给控制中心。控制中心所要的车站 ATS 信息的发送速度受到控制,以避免使通信网络或中央服务器超载。当所有信息收集齐全后,恢复全部的控制设施,供调度员使用。

从工作服务器失灵,到自动开关测出失灵状态、转交控制权,再到信息传送完毕,整个过程只需不到 1min 的时间。除了向控制中心传送信息外,车站 ATS 还继续执行所有正常的列车跟踪和路线设定功能,线路继续运营,但路线设定功能降级。

2) 控制中心设备全面失灵

如果控制中心设备全面失灵,系统在车站 ATS 指挥下继续运行,基本上就是这种能力的延伸。车站 ATS 在硬盘存储 7 天的时刻表信息,每个车站 ATS 将继续按照当前的时刻表,自动设定路线。

车辆段控制器可以独立于控制中心,将出站列车信息传给相邻的车站 ATS,因此,可指定一列列车投入运行,由车站 ATS 指挥它在正线上行驶,直到它返回车辆段。当控制中心系统恢复后,每个车站 ATS 将把其当前状态信息传送给控制中心,恢复监视、控制整个系统的能力,调度员能够下载存储在本车站 ATS 和车辆段控制器中的记录信息。

3) 车站 ATS 服务器失灵

车站 ATS 的工作服务器失灵后,若被自动开关探测到,就会把控制权转交给备用服务器。

由于 ATS 服务器是热备式,备用服务器掌握有关控制区内联锁和列车当前状态的全部信息,因此能够立即投入使用,为列车安排进路,并向控制中心汇报状态信息。一个车站 ATS 中的两个服务器都有一个专用的联锁接口连通本地信号系统。当失灵的服务器重新启动后,它可以获得该区所有的信号信息,包括已占用轨道电路信息。在工作服务器和备用服务器之间没有更新机制,但在运行的前几分钟内,备用服务器自动与工作服务器同步。

思 考 题

1. 简述 ATO 系统自动控制车门开闭的原理。
2. 简述 ATS 系统主要实现的功能。
3. 请列举 ATO 轨旁/列车交换的主要数据。
4. 简述 ATO 系统中的车载设备。

第八章 城市轨道交通 CBTC 系统

> **内容提要**
> 1. 了解 CBTC 系统结构；
> 2. 熟悉 CBTC 系统子系统和组成设备；
> 3. 掌握 CBTC 系统运行模式；
> 4. 掌握 CBTC 系统功能。

第一节 概 述

一、系 统 结 构

基于通信的列车运行控制系统（Communication-Based Train Control，简称 CBTC 系统），即支持移动闭塞的列车运行控制系统，它不仅适用于新建的各种城市轨道交通，也适用于旧线改造、不同编组运行以及不同线路的跨线运行。近年来，随着通信技术的发展，尤其是无线通信、计算机网络技术和数字信号处理技术的迅速发展，信号系统的冗余、容错技术的日臻完善，在信号这个传统领域为 CBTC 的发展奠定了基础，CBTC 系统已逐渐被信号界所认可。基于感应环线通信的移动闭塞 CBTC 系统，在我国也已运用于城市轨道交通；而基于无线（Radio）通信虚拟闭塞的 CBTC 系统，已经在国外多个城市轨道交通中被使用，我国某些大城市的城市轨道交通也即将选用这种制式。下面首先对基于感应环线通信的移动闭塞 CBTC 系统进行分析，然后对基于无线（Radio）通信虚拟闭塞的 CBTC 系统作简要介绍。

1. 数据通信子系统（DCS）

数据通信子系统在 CBTC 组成部分间采用 UDP/IP 协议，采用双向安全数据通信，提供了一个开放机构界面。应用 IEEE802.3 有线和 IEEE802.11g 无线通信标准。非安全子系统有安全算法信息保护功能。数据通信子系统对列车控制子系统透明，满足定时和吞吐量需求，并不依赖于无线通信技术的选择。

2. 车载子系统

车载控制器是安全的车载子系统，用于确定列车位置；其使用接收到的障碍物位置信号和来自区域控制器的移动授权，提供安全的列车自动保护和非安全的列车自动运行。通过无线通信将列车位置传递给数据通信子系统，再传递给区域控制器和自动列车监控子系统，并提供非安全的自动列车监控子系统功能。车载控制器采用三取二的判决方式。

外围的车载子系统的设备包括：数据无线电台，两个速度传感器，一个查询器天线和一个列车司机显示器(以一侧司机室计)。

3. 轨旁子系统

区域控制器属于安全装置,在已知障碍物位置信息的情况下,决定在该区域内所有列车的运行许可,接受所有列车在该区域内发送的所有位置信息,与控制和指示轨旁装置的对象控制器接口相连。每个区域控制器都采用三取二的判决配置。

对象控制器安全控制并显示与轨旁设备的接口,包括转辙机、屏蔽门、防淹门、信号以及计轴主机设备等。双重布置的对象控制器用在每个联锁控制点上。每个对象控制器都装有应用软件,完成特定位置的联锁功能。

计轴(辅助列车检测设备),为未装备 CBTC 的列车提供安全的检测功能。在 CBTC 故障时,此功能用作后备列车检测系统。

4. 自动列车监控子系统

自动列车监控子系统包括运行控制中心(OCC)设备、位于轨旁的自动列车监控子系统设备,比如本地工作站。列车运行的自动和人工监控由轨旁和车载子系统共同完成。

(1)运营控制中心(OCC),有三种基本类型的 ATS 工作站。

①ATS 调度工作站:ATS 工作站用于监视、控制线路和列车运行,包括调度员工作站和调度长工作站。

②ATS"支持"工作站:ATS"支持"工作站用于维护 ATS 系统,培训 ATS 用户,生成/管理列车时刻表和运行图。

③大屏幕显示工作站:大屏幕显示工作站用于在业主提供的大屏幕显示器上显示 ATS 图形界面。

(2)轨旁设备主要有:车站控制器(STC);感应环线通信系统;系统管理中心的车站工作站等设备。

①车站控制器,设于设备集中站,每个车站控制器都有一个道岔安全控制器,其中带冗余的双 CPU 固态联锁控制器,是车站控制器的核心单元。车站控制器通过双共线调制解调链路与车辆控制中心通信,它由调制、解调器机架、接口盘、电源机架、预处理器及其机架等组成。

②感应环线通信系统,位于设备室和轨旁,它由以下设备组成:馈电设备(FID);入口馈电设备(EFID);远端环线盒;感应环线电缆;支架等。感应环线电缆由扭绞铜制线芯和绝缘防护层组成,环线敷设于轨道之间,每 25m 交叉一次。

③系统管理中心的车站工作站,由工业级计算机和接入设备组成,其接入光纤通信环网,实现与系统管理中心的远程通信。它与车站控制器接口,实现车站的本地控制;还与旅客信息向导系统等设备接口。

轨旁设备还包括:站台紧急停车按钮;站台发车指示器;车站现地控制盘;信号机、转辙机等现场设备。

(3)车载设备。

ATC 车载设备主要包括:车载控制器(VOBC)及其外围设备。

①车载控制器,由电子单元(EU)、接口继电器单元(IRU)、供电单元等组成。电子单元包括天线滤波器、高频接收器、数据接收器、数据发送器、高频发送器、定位计算机、双 CPU 处理单元、输出/输入端口、发送/接收卡、车辆识别卡、输出继电器、距离测量控制、转速表放大器等。接口继电器单元包括:继电器面板、滤波/防护模块、电子单元与接口继电器单元的互联电

缆等。

②车载控制器的外围设备包括：天线（每个车载控制器设 2 个接收天线和 2 个发送天线）；速度传感器（每个车载控制器设 2 个速度传感器）；司机显示盘（TOD，每列车设置 2 套）。

③接口。信号系统内部接口包括：与信号监测子系统的接口；与电源子系统的接口；与模拟显示屏的接口；与发车指示器的接口；与中央紧急停车按钮的接口；与信号机、转辙机等继电器控制电路的接口；与车站现地控制盘及站台紧急停车按钮的接口；与车场的接口；人机接口；主系统内部间的接口等。

信号系统外部接口包括：与无线通信系统的接口；与时钟系统的接口；与通信传输系统的接口；与旅客信息系统（包括车上）的接口；与车辆的接口；与车辆管理系统的接口；与电力 SCADA 系统、FAS 系统、BAS 系统等的接口等。

二、系统功能

车载控制器负责进行列车安全定位。车载控制器存有列车运行的整个线路的轨道数据库。该数据库包括：土建限速信息，身份识别（ID）号码，安装在轨道上的应答器位置、转辙机位置、折返位置、任何其他障碍的位置及所有其他相关线路信息。当一列列车经过时，探测到每个应答器发出的信号，车载控制器便更新列车的位置。这个安全的位置信息通过无线传输，从列车传送到数据通信子系统，该子系统将信息传递到区域控制器和自动列车监控子系统。

根据控制区内所有车辆的位置、方向和速度，其他障碍物的位置，速度限制和计划进路，区域控制器通过数据通信子系统,用无线发出移动授权限制指令（MAL）给该区域内的所有列车。移动授权限制指令（MAL）持续不断地更新，再发送，其计算以最小的运行间隔为目标，同时能保持安全间隔距离。在这种方式下，产生一个持续更新的移动闭塞，管理线路中所有配备 CBTC 的列车的运行。车载控制器使用移动授权限制指令（MAL）完成列车自动防护和列车自动运行功能。列车自动防护功能包括：确定速度/距离曲线，执行速度/距离曲线，发布常用制动和紧急制动的请求。列车自动运行功能包括速度控制、站台停车和门控。

通过数据通信子系统光纤，每个区域控制器与其区域内轨旁的对象控制器接口。对象控制器安装在受控轨旁设备附近。在区域控制器的命令下，对象控制器控制轨旁设备，如屏蔽门、防淹门、转辙机和信号机。对象控制器还与计轴设备接口，把状态信息传回区域控制器。区域控制器的指令来自自动列车监控子系统、本地工作站的列车自动防护功能，指令在逻辑上取决于区域控制器。

系统也管理非 CBTC 列车，这些列车的运行由基于车站信号显示的操作规程管理。非 CBTC 列车的定位检测由计轴设备完成。其定位传输到区域控制器，供 CBTC 列车移动授权限制指令（MAL）计算使用。计轴设备也用在后备列车检测方式中。

自动列车监控子系统提供控制和监督设备，用于 CBTC 子系统的监控。系统还提供必需的接口给外部系统。自动列车监控子系统监督并显示 CBTC 列车的位置，自动调整运行等级和停站时间，与时刻表保持一致或保证运行间隔，同时提供人工操作控制手段。人工操作包括在车站对一辆或所有列车的扣车/解除、建立/消除速度限制、临时区段封锁/开放。自动列车监控子系统设计有几个控制等级或控制模式，从而将异常情况或设备故障对运行时刻表造成的影响降到最低。

自动列车监控子系统通常自动完成其功能，无须人工介入。该系统根据时刻表确定列车的上线时间，连续监视每列车的运行，当到规定退出商业运营时间时，移出列车。自动列车监控子系统由人工控制请求,优先于自动列车监控子系统由自动控制请求。

三、系 统 性 能

"无扰运行间隔"这一术语指的是不会受到前方列车阻碍或干扰的列车速度曲线。因此,所有列车根据土建速度限制范围,以及列车自身的加速和制动能力,以所允许的最大速度运行,即按无扰运行间隔运行,有助于达到给定停站时间的最小端对端运行时间。

为一特定线路和特定车组所设计的运行间隔,牵涉很多 CBTC 系统控制之外的因素,如线路走向、轨道、轨距与建筑结构、列车加速度和制动率、车站停站时间、终点轨道配置、司机反应时间、线路最大允许速度、道岔位置和道岔速度。

有助于获得列车运行间隔的 CBTC 因素有:列车端部位置的精确度和给定列车的移动权限分辨率,这包括报告位置和更新移动权限的频率。速度测量的准确性以及给定位置的特定列车速度限制范围的确定。轨旁与列车之间(反之亦然)命令/状态(与移动权限和位置报告更新相关的信息)信息最不利情况下,传送时间相关通信的延迟。CBTC 设备反应时间,包括轨旁和车载设备以及各种适用的运行模式的最大累积误差时间。CBTC 设备反应时间包括,根据更新位置信息建立新的运行授权限制所需的时间,通过联锁建立新的运行授权限制所需的时间,根据更新的移动授权信息确立新的 ATP 防护曲线所需的时间等。CBTC 系统性能限制,包括指定控制范围内,每个区域控制器可控制列车的最大数量。

第二节　子系统和设备的详细描述

一、数据通信子系统

数据通信子系统是个宽带通信系统,提供三个主要列车控制子系统,包括自动列车监控子系统,轨旁(区域控制器、对象控制器、数据库存储单元)和车载子系统。和其他沿线右侧安装的地面设备间进行数据的双向、可靠、安全交换。数据通信子系统在有线通信中采用 IEEE802.3 标准,在无线通信中采用 IEEE802.11g 标准。数据通信子系统对列车控制子系统是透明的,满足定时和全面的需求,不依赖于任何无线通信技术的选择(比如:IEEE802.11a/g)。

列车控制子系统和设备使用 UDP/IP 协议,可直接进行互相通信。数据通信子系统采用专门技术,确保高速安全的通信。数据通信子系统允许任何与之相连的设备互相之间通信。如果操作员允许,任何非信号系统都可使用数据通信子系统作为统一的通信平台。数据通信子系统的配置设计可提供所有合理方式,以减小单个独立或多重关联的故障,这些故障可能会造成列车停滞在线路上,然后需要人工救援。

数据通信子系统的设计方式,不依赖任何轨旁设备(如接入点、以太网连接、无线调制解调器、路由器、交换机等)和/或车载设备,设计方式不会影响性能。通过冗余这种常规方式支持数据通信子系统可靠性和可用性需求。冗余的不同方式有:①热备用硬件冗余(切换到带电的、运行良好的单元,然后进行数据更新);②冗余网络连接(设备间双重连接);③功能冗余(多样化的信息路由:一条信息将被复制并通过两个不同的路径传输到目的地址)。

在系统的各个方面,如无线通信覆盖、车载网络、移动电话和轨旁网络等,都可实现功能冗余。

1. 无线通信

IEEE 802.11a 和 802.11g 的最大原始数据率都是 54 Mbit/s。802.11a 和 802.11g 采用的调制方案是正交频分复用(OFDM)。IEEE 802.11a 和 802.11g 体系的不同在于 802.11a 工作在 5.8GHz 频段 (5.75~5.875GHz),而 802.11g 工作在 2.4GHz 频段(2.4~2.4835GHz,后置于 801.11b)。802.11g 网络能在两种配置模式下进行工作(基础模式和特殊模式)。在基础配置中,移动电台通过 AP 连接到骨干网络。在特殊模式中,移动电台间的相互通信在点对点通信的基础上完成。这种情况下,电台通信网络在"基础"模式下运作,也就是说,所有列车和有线网络间通信都通过 AP 进行。几个 AP 能连接在一起形成更大的网络,允许无线设施在其中漫游,并且在该通信网络中拒绝扩展服务设备(ESS)。

移动电台 MR 可在属于相同扩展服务设备的 AP 间漫游。当移动电台 MR 运行至一个属于新的扩展服务设备的 AP 控制区域时,上层联系中断。在这种情况下,所有 AP 属于两个扩展服务设备:一个扩展服务设备分配给左侧网络,而另一个分配给右侧网络,这两个网络互为备用。典型的 802.11 系统传递是连接前中断(也就是说,无线设施与旧 AP 中断联系,然后与新 AP 建立联系,换句话说,无线设施在一个时刻只能连接到一个 AP)。因此,在传递期间,该设施与 AP 间的通信很有可能中断。为达到真正意义上的无缝漫游,采用新的传递运算法则,处理重叠的无线覆盖,以达到零传递时间。

移动电台 MR 能通过车载网络 (802.3 Ethernet) 连接到车载设备上,处理 AP 传递轨旁与列车间的重要数据。

因为故障的修复必须在停运期间完成,任何 AP 的故障都可能导致系统服务降级,并且这些故障将影响所有经过该区域的列车运行。系统为避免这些降级,必须采取冗余:

(1)一个地理区段被两个属于不同扩展服务设备的 AP 覆盖,左侧轨旁网络 LWN 和右侧轨旁网络 RWN。AP 属于安装在轨道两侧的扩展服务设备,并且在不同的频段运行(使它们不会互相干扰)。

(2)两个相邻 AP 在一个区域内交叠,以确保覆盖的连续性和无缝漫游。

图 8-1 所示的三种配置特点为:单隧道(两条轨道在一条隧道里)、双隧道(每条隧道有一条轨道)和地上(如试车线)。图 8-1 中,APRa、APRb、APRc 属于右侧轨旁网络 RWN 的接入点,在 1 号频道运行;APLa、APLb、APLc 是 AP 属于左侧轨旁网络 LWN 的接入点,在 11 号频道运行。

2. DCS 车载网络

每列列车上的两套移动电台 MR 分别安装在列车的两端,每端一套。移动电台 MR 是车载无线设备,用来在车载设备(如 ATP 和 ATO)和轨旁设备间转播数据。所有列车收发的数据都由列车两端的两台移动电台传输,提供连续的热冗余,以抗衡脆弱的无线频道衰减。车载控制器 ATP 和 ATO 子系统通过两个独立的以太网连接到移动电台 MR。车内通信设备为采用双绞线连接的以太网扩展设备。一个 ATP(三取二)子系统和一个 ATO(1:1 热备用)子系统安装在列车的一头(车厢 A),同样的一套子系统(一套 ATP 和一套 ATO)安装在另外一头(车厢 B)。所有列车上的设备能通过两个独立的以太网连接在一起,形成车载网络(CBN)。车载设备间的本地通信经过路由器过滤,路由器直接连接到移动电台 MR,因此这些信息不会被散发到外部去。

3. 轨旁骨干网络

轨旁骨干网络 WBN 是 AP,ZC,CC 和中央 ATS 子系统间的通信媒介。轨旁骨干网络 WBN 由骨干交换机组成,交互连接到两个独立的单模光缆的环式拓扑结构。这些骨干交换机安装在信号设备室,位于地铁站,相互之间的距离不超过 10km。

环式拓扑结构如图 8-2 所示。骨干交换机连接到两根光纤,光纤环路的通信可在两个方向上进行:在外部电缆中为顺时针方向通信,在内部电缆中为逆时针方向通信(通信方向也在图中显示)。如果光纤电缆上的任一点或骨干交换机发生故障,轨旁骨干网络 WBN 的通信能够迅速重新配置通过另一个方向保持通信状态。

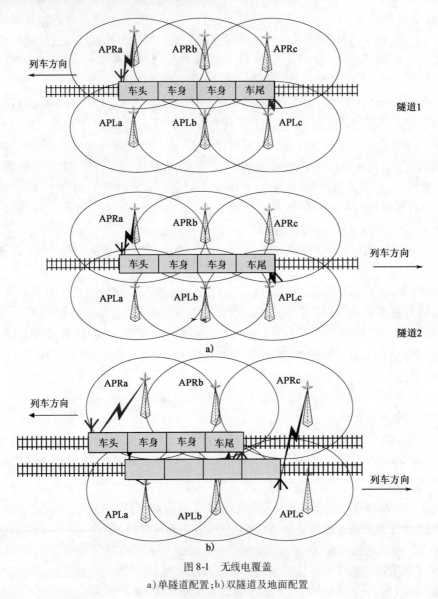

图 8-1　无线电覆盖
a)单隧道配置;b)双隧道及地面配置

二、车载子系统

车载子系统负责确定列车的位置,监控列车速度,按照必要情况保证正确的制动,管理列车控制模式,并且根据 ZC 的信息控制列车。车载 CBTC 子系统的关键部分是车载控制器(CC),包括一个安全的三取二处理器及对象控制器接口模块。

CC 与速度/位移传感器和查询应答器接口,以确定列车的位置。列车司机显示器与 CC 接口,显示驾驶信息、设备状况,以及给司机的报警。

车载子系统的功能包括:
(1) 安全地确定列车速度和位置;
(2) 进行安全的超速保护;
(3) 进行安全的紧急制动;
(4) 进行安全的列车停靠;
(5) 进行安全的方向控制;
(6) 进行安全的车门控制(允许开门);
(7) CBTC 运行模式;
(8) 数据无线通信;
(9) 安全地防退行和防溜。

车载子系统主要包括如下设备:

(1) ATP/ATO 机箱。ATP/ATO 机箱包括三取二的安全 ATP 板、电源板、ATO 板、输入/输出控制器和接口/继电器板。

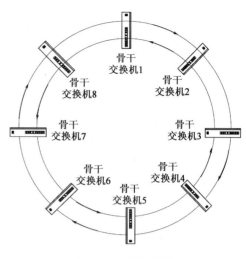

图 8-2 环式拓扑结构

(2) 外围设备的机笼。机笼用于配置外围设备,如电源板、查询器、安全装置、以太网开关板、以太网扩展器。

(3) 接口板。接口板用于与安全继电器和外部接口连接器的连接,安全继电器用作安全功能的一部分,在需要的情况下请求紧急制动和牵引切断。

(4) 列车司机显示器。列车司机显示器包括:双 RS-485 连接,每条与一台安全计算机连接;多数指示器双重配置,每套由一台安全计算机管理控制;列车司机显示器配有几个开关和按钮;强制速度限制;司机确认按钮;ATO 模式下的发车按钮。

列车司机显示器显示如下信息:停站时间结束、车载设备状态、当前驾驶模式、超速、速度表、目标距离(至限速点或停车点)。

三、轨旁子系统

1. 区域控制器

区域控制器接收由其控制区内列车发出的位置信号。它负责根据所有已知障碍物的位置和运行权限,确定其区域内所有列车的运行权限。障碍物包括其他列车、封闭区段、失去状态的道岔以及任何外部因素,如基本轨侵入检测。区域控制器也回应相邻区域控制器的授权申请。区域控制器与外部对象控制器(OC)接口,外部控制器还执行传统的联锁功能。对象控制器与岔道机、信号机、站台屏蔽门和计轴设备接口。对象控制器包括安全逻辑,以控制转辙机和信号机,它还根据来自 ATS 或本地 ATS 工作站的进路申请,完成联锁功能。区域控制器通过 DCS 子系统与对象控制器、车载 CBTC 子系统、其他的 ZC 和 ATS 子系统接口。

为可靠性考虑,所有外部计算机接口都有冗余。区域控制器将放置在中央控制室内。区域控制器使用中央三选二计算机,含 1 个双输入/输出母线的 CSD 和 4 个外部通信用的以太网链路。

2. 对象控制器

对象控制器(OC)是一个安全逻辑处理器,除了对可用的联锁逻辑进行处理外,它还提供故障—安全的二进制输入/输出管理。OC 提供接近锁闭、进路锁闭、检查锁闭和运行方向锁闭。下面要叙述的这些功能可确保道岔在列车占用时不会移动,使列车头、尾不发生头尾碰撞。

(1)接近锁闭。在一个开放信号机控制进路范围内,提供所有道岔的锁闭。当一个开放的信号被设定为停止,并且一列列车与该信号的距离比安全制动距离短时,防止开放信号与进路相反或有冲突,并且防止在一个联锁中,同时开放两个相反信号。

(2)进路锁闭。在列车进入进路前,防止道岔的移动(在联锁的界限内),在联锁的界限内阻止反向移动,提供未经授权的运行移动方向(在联锁的界限外)。

(3)检查锁闭与方向锁闭。防止列车下道岔的移动(在联锁的界限内)。在任何有道岔被占用的轨道上,检查锁闭有效。

如果列车的ATP设备故障,CBTC系统(即区域控制器)不再了解所有列车的位置。此时,辅助列车检测系统(计轴设备)必须投入运行,确定列车在系统内的运行位置。

根据系统要求,在信号设备室内放置OC。每个OC有一个唯一的IP地址。

安全继电器由对象控制器的数字输出控制。这些安全继电器的接点用来控制转辙机动作请求、信号机点灯和PSD控制。

3. 数据库存储单元

数据库存储装置(DSU)功能在一个系统区域控制器中实现。轨道数据库和系统运行软件将存储在DSU中,所有数据库内容将受到控制,以确保整个系统被正确使用。DSU将管理临时速度限制(TSR)。DSU以一个安全的三选二冗余表决平台为基础,以达到系统的高可用性。

四、自动列车监控(ATS)子系统

ATS提供控制和监督设施,监控CBTC子系统,监视外部系统接口。ATS监视列车,自动调整每列列车的运行,以保证按照时刻表运行,提供数据,以调整服务,将因不正常运行引起的不便,降到最低。

1. ATS的硬件描述

在常规/备用模式中,ATS子系统,区域控制器,数据存储单元DSU和远程ATS车站控制工作站以及数据通信子系统DCS之间的通信,由两个以太网LAN配置构成。LAN通过远程光纤电缆设备与每个远程节点通信。网络复用器安装在中央控制室、车辆段、停车场、每个远程ATS车站控制工作站和DCS的所在地。

ATS主机服务器处理用于集中运行控制ATS应用软件;ATS数据库服务器用于处理生成报表的数据库应用软件;ATS通信服务器用于处理和非ATS子系统通信的通信应用软件;ATS培训服务器用于处理集中运行控制的ATS应用软件;ATS用户工作站用于处理和显示请求和指示;背投显示工作站用于处理和显示请求和指示;10/100/1000BaseTX交换机用来处理连接到双以太网LAN的设备间的数据;存储区网络(SAN)模块化智能排列存储单元配置在RAID中,用于连接数据库服务器;网络打印机连接到以太网,用于打印故障报表和车辆图形的图形信息;数据传输模块是为ATS、车辆段和受控站点间的通信提供的。

轨旁SCR的工作站指的是ATS车站工作站。该工作站用作车站本地调度机和CBTC系统间的人机界面。

2. ATS计算机系统硬件概述

每台ATS计算机都提供自诊断测试,在启动时用于验证系统是否良好。ATS在系统断电时,能有序地关闭。在电源恢复时,能自行引导启动,并启动系统软件。常规与备用系统是相

互隔离的,以消除妨碍系统正常运行的故障。系统仅仅在有重大故障发生,常规系统操作不能运作时,才会切换到备用系统。系统使用的磁盘空间小于总磁盘容量的一半。数据库服务器能够存储192h的列车事件记录数据。

第三节　CBTC系统运行模式

一、CBTC配置的列车

列车的运行模式取决于下列开关的位置:方向控制器;主开关;CBTC模式开关;旁路开关(CBTC旁路和车门旁路)。根据驾驶台的开关位置和当前所在"区域",运行模式是CC基于列车位置和轨旁ZC指示的动态计算结果。选择运行模式发送至轨旁ZC(受CBTC控制或不受控)。ZC发送必要数据到CC,确定列车的MAL。帮助CC定义"CBTC就绪"指示,ATS系统获得并报告来自CC的与运行模式管理有关的信息给用户。

1. 列车自动运行(ATO)模式

通常情况下,ATO根据时刻表或调度指令,在列车司机的监督下,自动运行列车。列车司机可以在任何时候干涉列车的运行。列车司机的操作优先于ATO操作。根据不同的运行需求,车门的开关可由列车司机人工操作或ATO自动完成。列车司机根据不同的运行需求,发出列车出发的指令。ATO模式是配备CBTC列车在CBTC区域内的正常运行模式。

CBTC系统基本运行模式见表8-1。

CBTC系统基本运行模式　　　　　表8-1

ATO	列车自动运行模式	在ATO和ATS控制以及在ATP限制下,列车自动运行;列车司机或ATO开关车门;列车司机或ATO启动列车的自动运行
ATPM	ATP监督下的列车人工运行模式	通过机车中的TOD显示ATP限制,列车司机驾驶列车
RM	受限列车人工运行模式	该模式是降级的运行模式,列车运行具有最高限速;在这种模式下,列车司机负责遵循信号显示及其他方面的规章制度
BY	旁路列车运行模式	所有车载控制器的输出被旁路;列车驾驶的责任完全落在列车司机身上
OFF	切除运行模式	列车两端的车载设备都停止运行

2. ATP监督下的人工运行模式（ATPM）

列车由列车司机人工驾驶,列车运行速度处在ATP子系统的实时监督下。车载设备将实际的速度、限速、目标速度、目标距离及其他数据显示在列车司机的驾驶室内。一旦列车速度接近ATP限速,会有声音和闪光报警发送给列车司机,引起他的注意。如果列车的实际运行速度超过ATP限速,那么ATP将实施制动。

3. 受限人工运行模式（RM）

当车载CBTC设备不能与轨旁CBTC设备通信,或者配备CBTC的列车进入非CBTC区域,列车司机将采用RM模式驾驶列车,但车速不会超过预先定义的安全速度,司机将随时准备停车。该安全速度受车载ATP的防护。一旦ATP检测出超速情况,会立即启动制动。

4. 不受限列车人工运行模式（旁路列车运行模式，BY）

在旁路模式下，CBTC 可发挥任何功能，列车运行及安全由调度员、车站工作人员和列车司机保证。在采用旁路模式时，需严格遵循列车操作程序。

5. 切除运行模式（OFF）

这种情况下，列车两端设备都关闭。在切除运行模式中，CBTC 不发挥任何功能，列车运行及安全由调度员、车站工作人员和列车司机保证。

6. 列车自动折返模式

自动折返模式中，CC 负责在 ATP 防护下运行列车。CC 将根据来自 ATS 的运行类型和许可的运行参数，如加速率、制动率和制动冲击限制驾驶列车。有两个折返阶段：阶段 1，自车站到折返点。司机位于前车头，关闭车门。司机按下发车按钮（或触摸屏幕）。CC 在 ATO 模式下驾驶列车，并将列车停靠在折返点。CC 给整个车辆下命令，反转牵引方向，并使反方向的限速无效。阶段 2，自折返点到车站。当 CC 收到新方向上的 MAL，CC 将自动启动列车，不需要司机操作。一旦列车到达车站，在列车出发到下一个站台之前，司机必须在车上。

二、非 CBTC 列车

CBTC 系统允许非 CBTC 列车在线上运行。非 CBTC 列车是指未安装 CBTC 车载设备的列车。虽然非 CBTC 列车不与区域控制器通信，区域控制器可以从计轴系统获得轨道占用信息，而对象控制器则完成传统联锁功能。

CBTC 系统在所有道岔处设置信号机。非 CBTC 列车依据信号机显示行车，司机负责列车运行并保证遵循线路限速。这些信号机由区域控制器的逻辑控制。对非 CBTC 列车的进路请求由控制中心调度员完成。

如果要为非 CBTC 列车建立信号机 SIG2 至信号机 SIG8 的进路，区域控制器在判定计轴系统确认区段 2 空闲、OS1 空闲、转辙机 SW1 和 SW2 都在定位且已锁闭后，开放信号机 SIG2。同时，区域控制器不会生成该区段给 CBTC 列车的移动授权。非 CBTC 列车随后越过信号机 SIG2 并准备在信号机 SIG8 前停车。一旦计轴系统根据此区段追踪了非 CBTC 列车的运行，区域控制器就可以发出此区段的移动授权。非 CBTC 列车在系统中的运行遵循此方式。

三、区 域 操 作

配备 CBTC 的列车在 CBTC 区域内，将在 ATP 限制和 CBTC 系统的防护下运行。列车能够由列车司机人工控制，或由 CBTC 系统自动控制。

在自动运行时，一些功能（如车门操作和列车出发启动）仍将由列车司机负责完成。

无车载 CBTC 设备配置的列车，或配有不起作用的车载 CBTC 设备的列车，运行至 CBTC 区域时，将在辅助列车检测系统和运行规定的保护下运行。

1. 列车进入 CBTC 区域

CBTC 系统对 CBTC 区域的界限有精确的定义，包括在进入 CBTC 区域前，验证检查 CC 的性能。在进入 CBTC 区域前，系统会充分进行检查，以验证 CC 设备良好运行（包括所有轨旁 CBTC 设备的附属设备）。

如果验证检查通过，系统将给出一个通过指示。正常情况下，根据 ATP 的限制设置，列车进入 CBTC 区域无需停车，除非行车规定有这样的要求。如果验证检查没通过，将给出一个

CBTC 系统故障的指示。列车运行会回到辅助列车检测系统。验证检查结果将显示在 ATS 用户界面及列车司机显示器(TOD)上。

2. 列车离开 CBTC 区域

列车离开 CBTC 区域前,CBTC 系统会给列车司机一个可视的时间和距离指示,直到列车离开 CBTC 区域。当 CBTC 系统获悉情况时,列车司机也会收到列车将要进行的列车控制系统类型的指示。

当列车离开 CBTC 区域时,轨旁和车载控制器的相互作用为:

(1)CBTC 区域离去信号不能被取消(由区域控制器配置)。

(2)管理区域离去信号的 ZC 的覆盖区域比 CBTC 区域大。如果条件允许,ZC 将独立执行防冲撞程序,无论该区域是否属于 CBTC 区域,并且计算在 CBTC 区域外的 ZC-MAL。

(3)当离去信号是一种分离信号时,属于例外情况。ZC 必须安全获取离去信号,以保证在出口第一个区段只有一列列车存在。

(4)如果列车位于 CBTC 区域外,车载控制器不会受制于区域控制器发出的 ZC_V_MAL 停车限制指令。它将视 ZC_V_MAL 为不带速度限制的移动授权指令。事实上,因为列车肯定是区域内的唯一列车,列车全面处于信号系统的防护下。

第四节 系统遵循的原则

一、移动闭塞原则

传统信号系统的主要设计目标是通过使用安全的轨旁信号确保列车间隔、列车停车和提醒司机,因此没有列车会进入另一列车占用的闭塞区段。基于 CBTC 的移动闭塞系统的主要设计目标是在维持系统安全性的同时,通过改良的位置分辨能力和移动授权更新率,提供更大的运能,缩短列车间的间隔距离。系统的设计原则就是"目标距离"。

在轨旁区域控制器 ZC 发出的移动授权限制指令(MAL)范围内,车载控制器负责列车的安全移动。直到列车前方出现障碍物,MAL 处于被允许状态。车载控制器确保所有合适的、出于安全方面的考虑,都已包括在生成的速度曲线中。这些考虑包括:最不利情况下的停车距离,以及不确定的前方障碍物位置。

在移动闭塞系统中,区域控制器将根据报告的列车位置和不确定误差,计算最不利情况下的列车位置。区域控制器将列车视为后续列车的障碍物,为尽可能靠近该车的后续列车计算 MAL。前一列车后的安全间隔,根据最高运行时速、制动曲线和列车在线路上的位置动态计算。因为位置信号的高分辨率,根据列车在该段线路的最高运行速度,后续列车能安全地靠近前一列车的尾部,与最新验证的车尾位置,保持安全制动距离。

安全距离是个固定的距离,在受控的后续列车车头与前一列车车尾部已确认的位置之间,假定存在一系列最不利情况时,该距离仍能保持车辆的安全间隔。

CBTC 系统的原则包括:

(1)由 CBTC 车载设备完成高分辨率的列车定位。

(2)该列车位置的信息和其他列车的状态数据,与 CBTC 轨旁设备的通信,通过 CBTC 列车到轨旁的数据通信连接进行。

(3)通过 CBTC 轨旁设备,确定每辆配备 CBTC 列车的移动授权限制信息,基于列车位置信息和外部联锁输入。

（4）这些授权限制和其他列车的控制数据，与相应列车的通信，通过 CBTC 轨旁至列车数据通信连接进行。

（5）ATP 速度/距离曲线的确定和执行通过 CBTC 车载设备完成。

（6）通过自 CBTC 轨旁设备与外部联锁的通信及 CBTC 优先命令，以及到外部联锁和 CBTC 轨旁设备外部联锁状态的通信，支持 CBTC 的操作。

（7）通过自一个 CBTC 轨旁控制器到相邻轨旁控制器的必要信息的通信，支持列车控制的传递。

（8）通过一列列车内多套 CBTC 车载设备间必要信息的通信，支持 CBTC 运行。

（9）采用移动闭塞原则设定 MAL。

二、轨道数据库

车载和轨旁 CBTC 子系统都使用轨道数据库。每个 CC 的内存中都有轨道数据库，该数据库至少涵盖其准备运行的整条线路。在维护（更改数据库内容）或安排列车行驶到一条系统很少使用的线路时，都必须更新车载数据库，完善或更新 CC 的内容。

轨道数据库存放在 DSU 中，如果 CC 和 ZC 发出请求，该数据库能够被下载到列车上。每个子系统都定期与数据库服务器联系，以获取当前正在使用的数据库的版本号。如果一个 ZC 或 CC 认为自身需要更新，会发出一个新版本下载请求给数据库服务器。

如果一个 CC 需要特殊的轨道数据，数据库服务器将通过发送一系列包含所需轨道数据的信息，回应该请求。网络不同元素表现固定的特征（轨道的专用属性，如永久速度限制 PSR 等）和可变的特征（如轨旁的信号显示等）。CBTC 系统的子系统使用这些对象，完成 ATP、ATO 和 ATS 功能。

模式的固定特征建立在段和线路区的概念上，参照物是轨道的轴、段的长度，或目标与段起点的距离，或列车位置，通过比较测量轨道的轴而得到。

ATS 使用位置点模式定位轨道上不同的固定物体（如道岔、车站、信号），移动物体（列车）和其他 CBTC 信号系统设备（应答器）。每列列车的模式通过正常列车运行的起点和方向定义。物体的位置由它与模式起点的距离（以公里为单位）定义。例如，ATS 使用该模式定位列车或确定临时速度限制。

三、列车位置追踪

列车位置追踪主要有以下五点功能：

（1）计算有装备的列车位置（车载定位）：仅涉及车载控制器。

（2）在轨旁追踪列车：通过 ZC 和 ATS 追踪任何种类的列车。

（3）位于网络中某几个点上的应答器的检测：每个应答器发出一个 ID，用于识别它所在轨道段的位置和它的偏移量。

（4）列车位移测量。

（5）道岔指示（为了在列车通过该道岔时更新列车位置）。

对每一台装备的列车，CC 定位包含一个"初始化"阶段和一个更新阶段。列车必须检测到两个相邻的应答器，二者间的测量距离被数据库认为有效，初始化阶段才能完成。一旦被初始化，列车的位置会根据应答器的检测结果逐步更新。应答器位于道床上，是无源装置，由列车上的查询应答器天线发出的信号提供电力。当列车经过一个应答器时,列车接收到一个数字信息,识别该应答器并且输入一个数据,进入轨道数据库,提供该应答器中点处的地理位置。

CC 功能和 ZC 追踪需要确定列车的两端位置。包括以下两种类型的位置:

1)安全位置

安全位置由一个不确定间隔来定义,该间隔把下列"最不利情况"下的不确定因素都考虑在内:读取应答器时的动态和静态的不确定性,自最近读取的应答器的位移测量的不确定性,应答器在轨道下安装的不确定性。

2)非安全位置

任何列车点的非安全位置,都被定义为该点最可能的位置。该点位置的计算将基于应答器的读数和位移测量的可能假设。非安全位置在运行停车管理中特别有用。

该功能涉及 ZC 和 CC 子系统:ZC 通过互相对比以及与固定的追踪障碍物对比,确定列车位置。列车追踪的功能主要用来提供数据以保持安全的列车间隔。这些数据可被看作是上报列车或者非上报列车的所处位置的网络地图。每个车载控制器提交一份位置报告,包含列车识别号,前后车头位置,加上安全估计位置不确定值。列车识别号实际上是"CC 识别号",在每列列车上进行安全的硬件编码,防止两个 CC 有相同的识别号。只要与不确定性有关,ZC 使用来自 CC 的非安全位置报告,计算"安全的"列车两端位置,提交位置不确定的报告。这将保证列车长度的最大化(对轨道出清确定的"最不利情况")。

ATS 接收由每个 CC 发出的列车位置报告,ATS 利用前车头位置报告定义列车的前部位置。AC/ZC 通过 DCS 把道岔状态报告给 ATS。由 ATS 产生显示列车和/或道岔的异常报警,并发送给 ATS 用户。每辆配置 CBTC 的列车运行在 CBTC 区域内时,会被分配一个(列车)追踪识别码 TID。所有列车的追踪都基于 CBTC 列车位置报告,每列车的位置都将显示在 ATS 用户界面上。ATS 用户通过 TID 能够接收列车长度以及其他列车的特定信息变化。

根据列车服务数据,预定义的进路规则,和任何 ATS 用户定义的服务策略,ATS 允许有 CBTC 配置的列车基于 CBTC 列车位置报告,在 CBTC 区域内人工或自动运行。在运行到特定的轨道结构处时,自动进路将帮助列车在交叉点处良好地汇合和分叉,帮助列车折返,进入或退出停车场,在服务中断和/或计划的预留储运时变更进路。列车进路能够显示在 ATS 用户界面以及列车司机的显示器上。CBTC 移动授权限制也能够显示在 ATS 用户界面上。

四、移动授权限制 MAL

移动授权限制(MAL)是指列车按照给定的运行方向被授权进入和通过一个特定的轨道段。移动授权在每一个通信周期前被签发和监督。CBTC 系统执行移动授权,以维持安全的列车间隔,并通过联锁提供防护。

MAL 包含安全(V_MAL)和非安全(NV_MAL)数据部分。MAL 的组成可分为:ZC 确定的约束列车移动的限制,ZC 发送给所有控制列车(如"广播模式")的轨旁设备状态,及 CC 通过其内部数据库识别的限制。CC 基于列车位置和运行模式识别限制(在 CBTC 区域内与列车定位相关的限制,与在非 CBTC 区域内的定位相反)。ZC 确定限制以防护其他列车(防止列车相撞),包括迎面行驶、脱轨和侧面冲突。ZC 发送轨旁设备(如道岔位置)状态到所有列车,CC 确定该轨旁设备是否与列车运行有冲突。

五、联锁功能

独立于信号结构(CBTC 或固定闭塞),联锁必须提供某些重要的功能,这些功能包括接近锁闭、进路锁闭、检查锁闭和方向锁闭功能。

道岔保持在电气锁闭状态，直到道岔锁闭解除。道岔锁闭只有在接近锁闭、定时锁闭、进路锁闭和检查锁闭都解除时，才能解除。这些功能通过使用列车位置数据来完成。在以列车为中心的 CBTC 系统中，每列列车的位置都被传送给区域控制器，来执行诸如接近、进路、方向和道岔锁闭的功能。

系统要求 CBTC 配备的列车和无此装备的列车（无车载 CBTC）能够安全地在同一系统中运行，本功能的实现通过采用辅助列车检测系统——计轴设备来完成。因此，联锁能够执行上述所列举的所有无装备列车的主要功能。

第五节 CBTC 功能描述

CBTC 系统可提供列车自动保护（ATP）、列车自动运行（ATO）和列车自动监控（ATS）功能。在冲突、超速及其他危险条件下，ATP 功能可提供故障—安全防护。该项功能优先于 ATO 和 ATS 功能。ATO 功能可在 ATP 设定的防护限度内完成列车的基本运行功能。ATS 功能可提供系统的状态信息、监控系统运行并对系统各个功能进行自动控制。

ATP、ATO 和 ATS 所要求的全部功能均获得 DCS 通信接口的支持。数据链路可不间断地提供 CBTC 范围内的地理信息，为列车在隧道、水平线路及坡道情况下的运行提供支持。数据链路还支持数据双向传输，足以满足 CBTC 规定的所有功能要求。数据链路的协议结构可确保列车管理信息可靠、及时、安全的传输。

一、列车自动防护功能（ATP）

1. 列车位置/速度测定

对于配有 CBTC 设备的列车，该 CBTC 可确定列车的位置、速度和运行方向。列车位置测定功能能够安全而又准确地测定列车前端和后端的位置。列车位置测定功能，通过自启动，无需人工输入列车位置或长度数据，即可自动检测并确定配有 CBTC 设备，并驶入 CBTC 区域的列车位置，或测定已排除设备故障的列车位置。

对于不准确的列车位置/速度测定，CBTC 系统可进行补充修正。列车位置/速度测定功能以车轮转动为依据，可因车轮打滑/空转或车轮尺寸变化（磨损、调校、更换）而产生位置误差，该功能可对这些误差作出修正。

2. 安全列车间隔

无论车载 CBTC 设备是否运行，CBTC 系统都可保证在该系统内的所有列车之间的安全列车间隔。如果车载 CBTC 设备运转良好，CBTC 系统可对这些列车进行安全列车间隔，间隔以认定前方列车立即停车为原则。对于车载 CBTC 设备运转良好的列车，其位置测定以 CBTC 系统的定位分辨率为基准。如果车载 CBTC 设备无法运转，则应严格按照操作规程，利用进站信号并通过轨道电路测定列车的位置。CBTC 系统会将移动授权限定在前方列车所在线路入口点处，前方列车没有配备 CBTC 设备，或其车载 CBTC 设备已停止运转。

CBTC 安全列车间隔功能包括：

（1）利用 ATP 固定数据（如永久限速）和 ATP 可变数据（如临时限速和移动授权），计算 ATP 曲线（即安全速度曲线，属于列车定位功能）。

（2）监控并执行 CBTC 系统计算出的 ATP 曲线。

（3）ATP 曲线受安全制动模式管理,可确保在任何情况下(包括故障),配有 CBTC 设备的列车不会超出移动授权限制。

以下移动授权限制最具有约束性:前方 CBTC 列车的后端,包括位置不确定性;轨道终点;在无法证明进路开放且道岔已被锁闭的道岔处;已确立反方向运行的区段边界;锁闭区段的边界;已检测出无法让列车安全运行的进路入口。

3. 超速防护

在安全制动模式下确立、监督及执行 ATP 曲线时,CC 确保在任何条件下(包括故障),列车的实际速度不超过安全行驶速度。安全速度由以下限制因素决定:ATP 曲线规定的区段永久限速;ATP 曲线规定的区段临时限速;适用于特定列车等级或配置的永久限速;使列车在移动授权限制内安全停车的最大速度,或在进入某区段时,使列车减速至该区段永久/临时限速的最大速度。列车的任何一部分进入限速区时,即应适用限速。

4. 退行防护

CC 会对列车的实际运行方向进行监控,并将测量所得的方向与确立/指令运行方向进行比较。列车的反方向移动如超过额定退行距离,CC 就会启动紧急制动。

5. 溜逸防护

列车处于 ATO 模式且已在站台区域停车时,车载控制器要确保列车处于"不移动"状态。如果检测到列车在没有命令的情况下,移动了一定的距离,车载控制器将实施紧急制动。

6. 轨道终点防护

轨道终点防护使列车在接近轨道终点界柱时停止运行。轨道终点防护属于超速防护功能的一部分,也可以说是与超速防护功能相互配合,防止列车超越轨道终点。如规定有缓冲区,该功能可防止列车因超过设计限速和轨道终点缓冲区相撞。安全制动模式是轨道终点防护的设计基础。

7. 列车分解编组防护及列车的连挂与解编

列车由两节或更多的单独车厢连挂在一起组成。CBTC 系统能够对列车分解进行检测和防护。无论车厢是否永久连挂在一起,还是由于维护或运行原因需要定期解勾,都要求列车具备分解防护功能。CBTC 系统还可满足列车的连挂与解勾操作要求,包括系统内组成长度的自动更新。如有规定,对于在 CBTC 范围内运行的特定等级的列车,系统还可依据操作规程计算出最不利情况下列车最大的固定长度,确保其不超过长度最大值。

8. 零速保护

零速测定属于 CC 的 ATO 和 ATP 功能。通过速度传感器和加速计,ATP 可探知列车是否处在零速状态。在单个 ATO 周期中,如果速度传感器的累积脉冲使 ATO 的预计速度低于零速限制,而又未检测到打滑/空转情况,则 ATO 可断定车辆正处在零速状态。

9. 开门控制防护联锁

CC ATP 开门功能的一般要求是:

(1)列车处于零速状态;

(2)列车已对准站台的正确位置;

(3)列车实施常用制动。

若能满足以上条件,列车车门就会接收到指令并打开。如检测到列车车门没有全部关闭,列车则不会开动。若 CC 发生故障,列车会立即停车,车门只能在旁路模式下打开。列车停止后,若车门控制处于旁路模式,车门即可人工打开,ATP 会进行制动。列车在行驶过程中,由于某些原因,如果 CC 检测到有车门打开,CC 就会实施制动,使列车完全停止。CC 的 ATP 功能可以确保车辆完全停止后打开车门。CC 可实现两个安全的门控输出(左门可开和右门可开)。根据运行模式的不同,车门依照 ATO 指令或司机的指令开启。

列车停止并与站台对齐后,车门可依据运行模式的不同通过人工或自动打开。CC 会提供开启哪一侧车门的提示。收到车辆对齐信号后,CC 发出制动指令,使车辆停靠在预定位置,并在达到零速时取消牵引,并实施制动。如果列车未达站台或越过站台,CC 就会向司机发出警报,让司机进行人工调整。如果列车没有在预先确定的车站位置停车,未达站台,ATO 会使列车向前慢行,与站台对齐。如果停车位置超过预先定义的位置,列车会继续行驶到下一车站。在 ATO 模式下工作时,CC 会在列车操作人员的显示器上显示 ATS 的停站时间,如果停站结束,司机须人工关闭车门,向下一车站开行。如果 CC 未收到 ATS 停站结束信息,CC 就会使用储存在其数据库中的默认停站时间。如果 ATS 发出一个有效的扣车命令,那么列车会无限期停站,直至扣车命令撤销。CC 向车门控制电路(或控制器)发出两个门控信号,使左、右门均可开。车辆在预定公差范围内与站台对齐后,CC 会根据线路数据库和车辆运行方向决定哪侧门可开。停站结束后,所有车门关闭且锁闭,门控可开撤销。

ZC 可安全地提供正确一侧的站台屏蔽门开门许可和取消,也能向它们发送开关指令。车辆在预定误差范围内与站台对齐之后,CC 就会请求 ZC 打开站台屏蔽门。停站结束前,CC 还会请求 ZC 关闭站台屏蔽门。在收到屏蔽门关闭信号之前,列车不会驶离站台。CC 可向车辆两侧的车门电路(或控制器)发送开门许可信号。车厢在预定误差范围内与站台对齐后,CC 将根据轨道数据库和运行方向允许,打开正确的一侧车门。列车在预定误差范围内停止后,CC 会向区域控制器发出指令,打开相应站台一侧的屏蔽门。同时,区域控制器会请求屏蔽门控制器打开屏蔽门。停站一结束,CC 就向车辆和屏蔽门控制器发出请求,关闭屏蔽门和车门。然后,司机须按下发车按钮,向下一车站开行。车门和屏蔽门的开关同时进行。如果列车还在停止时,车门关闭并锁闭状态丢失,那么 CC 将防止列车移动。如果列车在移动时,车门关闭并锁闭状态丢失,那么 CC 会实施全常用制动(平滑控制的全常用制动)。无论站台屏蔽门是否开启,ZC 都会收到其状态信息。

CC 从车辆车门电路(或控制器)处获得"所有门关闭"的安全输入信息。如果在列车移动时 CC 未检测到"所有门关闭"的信息,就将实施平滑控制的全常用制动,直到收到该信息或列车完全停下来为止。如果在列车停止时"所有门关闭"状态丢失,CC 会防止列车移动。

站台屏蔽门的状态信息由 ZC 接收。如果列车尚未与站台对齐且车门尚未允许打开时,屏蔽门打开,那么 ZC 将检测到此情况,并且防止车辆接近车站站台。

停站结束后,司机可以人工关闭车门。如果车门模式选择开关位于自动开/关位置,车门则会自动关闭。

10. 发车联锁

列车处于 ATO 运行模式时,CC 会向司机发出报警提示,关闭车门。一旦 CC 检测到车门关闭并锁闭后,制动缓解,列车向下一车站发车。在 ATO 运行模式下,列车停站结束后,TOD 上的发车指示灯就会点亮,司机按下发车按钮,向下一车站发车。只有满足下列条件,CC 才会允许列车发车:

(1)车门已关闭并锁闭;
(2)MAL 足够允许列车发车;
(3)ATS 的扣车指令未生效;
(4)站台屏蔽门关闭并锁闭。

11. 紧急制动

列车紧急制动系统,能使列车在安全制动模式所确定的停车距离内停车。紧急制动一经激活,在列车完全停车前就不会缓解。即使 ATP 所测定的列车运行状况错误,紧急制动仍将继续,任何复位信号和干预行为均为无效,除非旁路 CBTC 系统(须严格按照操作规程进行)使列车的 ATP 功能失效。如果紧急制动复位且 ATP 正常,列车将可以开动或继续行驶,但如果列车实际速度再次超过 ATP 曲线速度,或继而发生功能故障,紧急制动则会再次实施。

列车的移动授权限制受若干 ATP 因素的制约。另外,对每种类型而言,这些制约因素可根据以下标准分类:
(1)CC 直接识别;
(2)ZC 识别,并向各列车发送专用综合信号(包括轨旁设备)。

该分类依照下列一般原则进行:
(1)CC 仅按照列车位置和/或运行模式对限制要素进行自我识别;
(2)ZC 对限制条件汇总,并针对其他列车做出自我防护(列车间隔),包括行驶方向上的迎面冲突防护。

12. 进路联锁

CBTC 提供的进路联锁功能与传统联锁相同,可防止列车相撞和脱轨。该功能在 ZC 内实施,包括:列车进入联锁区之前进行进路定时或接近锁闭,以及在列车进入联锁区后对进路进行锁闭(进路锁闭)。如果列车行驶在有岔区段时,则道岔也会被锁闭(检查锁闭)。根据相关要求,可对列车驶过后的区段进行分段解锁。只有在正确地进路设定并锁闭后,道岔区段才会获得移动授权。一旦获得移动授权,只有在列车驶过道岔区且被证实后,或移动授权已被取消并且生效后,相关进路才会解锁、敌对进路才会开放。

列车定位功能发生故障时,进路锁闭仍然保持有效,直到 CBTC 系统证实列车已驶出道岔区(即道岔区段内已没有列车)或根据行车规程确定,或者两者都采用。

如果联锁区域给出移动授权后,道岔失去表示,那么系统就会将移动授权降低至联锁区域入口处。如果列车已进入道岔的安全制动距离,那么 CC 就会立即实施制动。

13. 工作区域防护

对于封锁区段上运行的列车,CBTC 系统不会给出移动授权,并在其靠近或通过限定的工作区域时进行限速。在列车通过工作区域时,CBTC 系统还可禁止以 ATO 模式在此区域运行。

14. 紧急关闭

所有车站的站台和控制室都设有紧急关闭按钮。这些按钮一经按下,该条线路及该区域内上下行线路会立即关闭,这些区域的相关移动授权失效。

15. 受限进路的防护

CBTC 系统可防止列车驶入非安全进路。这些非安全因素是由列车或进路的机械、土建、电力及其他预设的临时或永久状况造成的。该系统还可与影响进路安全的危险检测设备接口。

16. 运行方向反向联锁

CBTC 区域内的运行方向管理,对于合理地为 CBTC 列车建立移动授权非常重要。它包括 CC 和 ZC 子系统,包括下列因素:

(1)列车司机的方向请求:须通过驾驶室激活进行表示。

(2)车载 CBTC 设备从 ZC 处获取 MAL 计算运行方向。CBTC 运行方向:由某一区段的 ZC 设定。如果某一区段的运行方向已确立,系统就不会为该区段的列车再指派相反方向的移动授权。

17. 偏移防护

CBTC 系统会对列车的实际运行方向进行监控,并将测定方向与设定/指令运行方向进行比较。列车的反方向运动如果超过额定偏移距离,CC 就会启动实施紧急制动。

18. 发车联锁

发车联锁可防止静止的列车移动,除非所有车门都已正确关闭并锁闭。在特定情况下,如设备故障,可通过某些设备旁路发车联锁,操作人员依照操作规程发动列车。

19. 速度变化及打滑/空转测定

CC 会对速度传感器和加速计输入数据的一致性进行监控。如检测到速度或速度传感器信息的超常规变化,则会对异常情况进行记录。这些状况表明,出现了打滑或空转现象,或者可能出现速度传感器信号丢失。检测到打滑/空转现象后,CC 会将最后一个有效速度作为列车目前的速度,并继续保持相同的牵引或制动模式。这能确保在打滑条件下得以继续执行停车程序,并在经过标记号时修正列车位置。如果该现象持续存在数秒(需计算),CC 就会发出打滑/空转报警。若出现时间更长的打滑/空转现象(需计算),CC 就会实施紧急制动。如果 CC 检测到打滑/空转现象并且 ATO 不在程序站停模式时,CC 就会将牵引/制动系统置于惰行模式。在惰行模式下,CC 将牵引等级设定为默认惰行值。在打滑/空转现象消失前,CC 会请求列车保持惰行模式。此时,CC 在车站停车时将使用计算的制动率。

20. 轮径确认及磨损补偿

每次车辆执行车站停车时,CC 都会对列车速度和走行距离进行估算。CC 使用计算过的轮径输入和速度传感器的累积脉冲,作为估算车辆速度和走行距离的基础。通过在平直线路上(一般为车辆段转换轨处)设置的特殊应答器,CC 自动计算车轮尺寸。当列车经过这两个应答器时,车载控制器把走行的距离与数据库中存储的实际距离相比较,从而确定车轮尺寸。由于车轮尺寸是 ATO 计算速度和距离的关键因素,车载控制器会在第一站停车时计算车轮尺寸,并将车轮磨损考虑在内。每个站台的应答器都有对应的应答器表,车载控制器可从中获取储存信息,并测定当前的车轮尺寸。该表包括了各站应答器之间的固定距离。车载控制器利用该信息计算车轮尺寸和速度—距离模式曲线。

二、列车自动运行(ATO)功能

CBTC 系统的一般性列车自动运行和监控功能由 ATO 子系统完成。在车辆运行过程中,ATO 子系统执行其规定功能,同时与 ATP 交换数据。ATP 认为系统配置适当,可以进入 ATO 操作模式后,即向 ATO 发送模式选择信息和激活指令。然后,ATO 使用固定储存在数据库中的车站和进路信息,执行程序站停。在人工 ATP 模式下,ATO 的功能性会受到限制。表 8-2

总结了各运行模式下 ATO 的非安全功能。

ATO 的非安全功能 表 8-2

非安全功能	自动(ATO)	人工(ATP)
速度调节	×	
程序停车	×	
门控	×	×
运行等级	×	
折返	×	×
跳停	×	
扣车	×	
未达站台或越过站台	×	
发车测试	×	×

注：×表示具备该功能。

1. 速度自动调节

CC 使用两个光电速度传感器(EOSS)测定速度。它将 EOSS 的总计输出作为列车的速度数据，用以估算车辆的运动参数。这些参数包括实际速度、空转与打滑、走行距离、退行/溜逸，以及零速度(列车停止)。脉冲是速度传感器的输出数据。输出的脉冲数量与车轮的旋转距离成正比。CC 将这些脉冲信号转换成直线距离，并利用目前已知的车轮直径数值，计算出车轮旋转时的走行距离。通过计算单位时间内累积的脉冲数量，可测定出列车的速度。

2. 程序站停

根据指定的进路，列车按照要求在车站站台停车。CC 进路上的每个车站执行程序站停，除非 ATS 命令跳停或进路指定只有某些车站是停车点。自动程序停车只在正常的行车方向上适用。使用传感器的位置输入数据，列车可实现站台精确停车。当列车驶过预先设定点时（该点位于靠近车站的一段距离之外），程序停车即开始启动。停车曲线启动时，CC 依据列车速度、预定制动率、距离以及与停车点的距离变化计算制动曲线。CC 按照该曲线的要求，改变牵引力和制动力。额定停车曲线制动率是车辆最大常用制动率的百分比，可按照 10 个增幅调整至总量的 60%。制动率的调整值可通过 DCS 从 ATS 处获得。该功能可根据反常的路轨条件对制动率作出有效调整。

列车将按照 6 节编组形式停车。列车中点应与站台中点对齐，前后误差不超过 25cm，这是列车的目标停车位置。即使车站停车曲线因某些原因中断，CC 也会使列车在程序停车地点停车。这些原因包括：收到零限速、接收到的限速比预计要低，或自动模式在车站停车曲线范围内激活。此时，停车误差为 ±1m。列车一旦停止，CC 就会实施制动(全常用制动的 70%)，防止列车继续移动。即使列车没有超出站台范围，但如果无法证实已与站台对齐，CC 就不会启动车门，司机须采取相应措施。

3. 车门控制

列车通过自动和人工模式完成允许开门或取消允许开门。在正常运行下，CC 只有确定列车已在站台停车，并与站台屏蔽门对齐之后，才能允许开门。确认安全后，CC 即会允许开门。DCS 显示的停站结束时，CC 取消允许开门。如果 DSC 通信中断，CC 将在某一车站的默认停站结束后取消允许开门。ATO 的请求指令可使车门自动打开，操作人员也可进行干预，人工打开车门。关闭车门时,操作人员必须按下"关门"按钮进行人工操作。车辆生产商在控制台上设计了该按钮。

4. 运行等级

车辆通过 DCS 接收 ATS 设定的运行等级。运行等级数据包括速度限制、加减速指令限制及车站停车减速率。该信息由 ATS 的车辆管理计算提供。各个运行等级均与特定的运行方案相对应,比如通过网络使能源消耗降至最低,或依据特定的时刻表使速度恢复实现最大化。CC 中存储有运行等级表格,以尽可能减少数据传输。ATS 会向列车发出指令,修正运行等级数据。在列车的停车与启动过程中,CC 使用该指令数据。CC 还会对程序停车曲线作出修正,使其与收到的运行等级保持一致。但列车的实际速度和加速/减速须受到 CC ATP 的限制。因此,运行等级数据中的速度和加减速限制并不安全。

除此之外,CC 还具有惰行运行模式。ATS 发出请求后,只有运行等级设定在 1~5、列车的目标速度在 40km/h 以上时,惰行模式才能生效。CC 在启动惰行模式后,可使列车在连续牵引之间进行惰行,重新获得牵引之前,允许车速降低 11km/h,重获牵引后,车速恢复到运行等级数据所确定的额定值。

5. 折返

折返有两种不同的模式,即无人自动折返和有人自动折返。采用有人折返方式时,CC 会在折返地点实施精确停车,它可使列车自动驶入折返区,实现精确停车。司机随后须切断进入端驾驶室电源,然后开启离去端驾驶室。CC 通过 DCS 获取 ATS 车站信息,然后,列车驶入第一个车站,并实施精确停车。列车在自动模式下从车站出发时需具备一定条件。这些条件是:有效的目的地 ID;有效的司机 ID;非零限速(须完成各种安全检查,没有激活的可缓解或不可缓解的扣车,并按下 ADU 发车按钮);有效的行车方向(东/西);发车测试时未发现故障;建立数据通信。

6. 跳停

通过 DCS 子系统,CC 子系统可从前一车站获取下一车站的跳停指令。列车完成车站的程序站停之前,ATS 也能向列车发送本站跳停的指令。然后,列车会驶过车站,并不停车。如果列车在车站停车过程中收到本站跳停指令,车载控制器(TOD)上的跳停指示灯就会闪亮,向列车操作人员发出不在车站停车的信号。此时,列车在 ATP 控制速度下继续进行速度调节。本站跳停指令可在任何区域内取消。

7. 扣车

扣车是指列车停车后保持零速的状态。扣车可分为两种类型:可缓解和不可缓解。两者都可禁止列车移动。收到 ATS 的"关门"指令后,扣车还会禁止 TOD 上的停站结束指示灯闪亮。

如果满足下列条件,CC 会执行 ATS 发出的可缓解的扣车指令:

(1)车辆抵达单程进路的目的地(站台或存车线);

(2)车辆收到"999"目的地 ID;

(3)车辆在一个商业 DID 后接收到一个非商业 DID;

(4)若在行驶时启动一个扣车命令,CC 将继续行驶,并在下一程序停车位置发出扣车请求。

8. 未达站台和越过站台

在正常条件下,车站停车曲线会使列车在站台中央停车。若情况异常,列车可能会停在不到停车位置的地方,此时 CC 以最低调节速度向前移动,直至与站台对齐为止。发生未达站台现象时,若列车尚未进入车站站台区域,CC 就会重复进行牵引控制。CC 完成移动后,如果列车还未与站台对齐,并且没有正确的停靠位指示,司机应采取措施激活开门允许,可打开车门。

很多原因可造成越过停车目标位置。一个主要原因是,列车制动子系统出现故障,列车动态特性发生了改变。例如,制动能力部分失效,就会导致列车越过站台。如果列车越过车站停车目标位置,CC 就会产生并保持报警状态,它将不会允许开门,并要求司机采取措施。

三、列车自动监控(ATS)功能

1. 概述

ATS 提供控制和监督设备,对 CBTC 子系统及其外部系统接口进行监控。ATS 监视并显示实际运营的 CBTC 列车位置,位置由每列车通过 DCS 报告。它可自动调节列车的运行等级和停站时间,以维持时刻表和运行间隔,还能进行人工操作控制,即通过 DCS 对所有或其中一辆到站列车进行扣车/缓解扣车,制定/撤销速度限制,使用区域控制器临时关闭/打开某一区域。ATS 设计有数个控制等级或模式,可将因操作调度异常或设备故障而产生的不良影响降至最低。

ATS 系统通常自动执行其功能,而无需操作人员的干预。该系统可根据调度增加列车,不间断地监督每列列车的运行,并移出预期结束商业运营的列车。ATS 的人工控制请求优先于自动控制请求。ATS 子系统收到区域控制器和车载控制器的运行状况信息后,能协同其他 CBTC 子系统对出现的问题作出远程诊断,解决故障。

2. ATS 用户接口

ATS 系统支持多类型用户使用。系统功能的使用权以用户类型为依据。系统管理员功能可对用户类型及相应的使用权进行创建和管理。登录系统时,用户须选择用户类型,并输入有效的系统密码。ATS 的用户类型包括:主任调度员、运行调度员、车站控制员、车辆段控制员、停车场控制员、系统管理员、维护人员、计划人员、培训人员、受训人员及访客。

3. 列车识别和列车追踪

ATS 的列车追踪子系统(TTT)负责列车识别和列车追踪的管理。通过利用列车位置、ATS 用户请求、ATS 车辆自动管理请求,以及其他 ATS 子系统,TTT 可以完成车次的建立、删除及移动操作。ATS 会保持车辆固定标识(PVID)(表示一趟列车)及追踪标识(TID)在当前的位置,以便显示和报告。由于有新车加入和旧车退出,系统配置工具(SCT)会对系统数据库文件中有效的 PVID 进行更新。ATS 收到的 PVID 信息,如数据库中不存在,系统就会将之忽略。TID 与一组列车相关联,用以达到列车追踪的目的。系统创建 TID 的方式有两种:使用 VR 子系统或 ATS 用户请求,使用其中的一种方式创建。VR 创建的 TID 会按照当前的时刻表运行。ATS 用户创建的 TID 可以不比照时刻表运行。

ATS 的轨道示意图,可表示系统内所有列车及其相对应的列车标识。列车标识通常含有按照时刻表运行的 TID。如果列车标志中不含 TID,PVID 就会在列车标志中显示。TTT 对列车位置报告、ATS 用户请求及车辆管理请求进行不间断的监控,创建每趟车次的 TID,并对系统中 TID 和 PVID 的位置进行更新。

4. 列车进路

列车自动监控系统(ATS)会对列车运行进行监控,按照时刻表优化并稳定系统的运行。它设计有数个控制等级(中央自动、中央人工及本地人工)冗余部件,能将异常情况及设备故障对运行时刻表产生的不良影响降至最低。每种运行模式都表明,ATS 用户对列车运行可使用的控制等级,其使用须在具备该控制等级的车站进行。本地车站和 ATS 系统间须确立某种协议,以确保车站一次只执行一种模式。

在本地(车站)控制模式下,车站的人工控制指令(如进路控制)传输至车站控制室的 ATS 车站工作站。车站在本地控制模式下运行时,ATS 系统无法实施控制。但是,ATS 系统会继续接收回馈信息,进行显示更新和数据收集。

在中央控制模式下,车站的人工控制指令传输至 ATS 系统。只要车站在该模式下运行,控制就由 ATS 系统负责实施,而不是由车站计算机负责实施。但是,ATS 车站工作站将会继续接收回馈信息,进行显示更新和数据收集。

在中央自动模式下,所有列车依照时刻表和列车自动 ID 在系统进路中行驶,无需人工干预。ATS 用户可依据当前需要修改进路信息。这是正常的运行模式。在中央自动模式下,ATS 系统的车辆管理任务会自动对车辆运行进行控制管理。该模式下,计算机依据以下要素管理运行:①编辑计算机确定的时刻表;②从车站接收的实际数据中检测出冲突;③车次优先级。

5. 列车自动调整

所有在 CBTC 范围内运行的列车,都接受 ATS 系统的监督和车辆管理。CBTC 区域定义为所有允许列车以自动模式运行的运营区域。这包括所有的运营区域,但与运营系统的非商业连接除外。列车经调度进行运行,并依据列车时刻表(预先设定)所规定的次数停止运行。所有列车的位置和运行都自动受到监控,以测定列车运行是否符合时刻表,是否在可接受的限制范围内。

ATS 车辆管理还包括多种计算法则,运算信息从一种算法向其他算法传递,可确定车次的优先级,列车控制得当,运行符合时刻表,不会对乘客产生任何影响。

列车时刻表确定了一整套的启动、到达及发车时间,并对列车的运行计划及随后停靠作出了完整的规定。列车时刻表规定了某一列车所有车站的计划到站时间和停站时间。每列列车在运行中都有自己特定的时刻表。系统时刻表会在一天的商业运营开始时自动选定。

车辆管理软件的主要构成部件由以下分段确定:启动/停靠作业;投入作业;时刻表控制。

ATS 最少可储存以下时刻表:①工作日时刻表;②周六时刻表;③周日时刻表;④假日时刻表;⑤特殊事件时刻表。

6. 能源优化

通过降低出站加速率、进站减速率以及根据时刻表或运行间隔采用惰行模式,ATS VR 所使用的列车运行等级可以节约能源。

7. 停站功能

ATS 向其用户提供人工停车功能,无论时刻表情况如何,用户都能让一辆、若干或所有列车在下一车站停车。列车停止后,车门保持打开,直至用户发出关闭车门的请求,此时,列车驶离车站,并按照时刻表开始运行。该功能只在异常情况下适用,如果不调整时刻表,列车就会晚点。如果列车是在人工模式下运行,该车站停车就会以正常的方式向司机显示。

ATS 向其用户提供人工扣车功能,可对停靠在当前车站的列车实施扣车,若来不及在当前车站扣车,可在列车进入下一车站时实施扣车。列车停止后,车门保持打开,直至用户发出关闭车门的请求,此时,列车驶离车站,并按照时刻表开始运行。该功能只在异常情况下适用,如果不调整时刻表,列车就会晚点。如果列车是在人工模式下运行,该车站停车就会以正常的方式向司机显示。

ATS 向其用户提供人工跳停功能,通过 DCS 接口,用户可以让一辆或一组列车跳过下一车站。收到指令后,列车在下一车站或当前车站(列车尚未停车)就不再停车。如果列车是在人工模式下运行,该跳停信息就会以正常的方式向司机显示。ATS 还向其用户提供跳停人工取消功能,用户可取消一辆或一组列车的跳站指令。收到该指令后,列车使用通常的常用制动进行到站停车。在两个车站之间运行时,若列车已驶过停车点,无法在下一车站正常停车,则列车会按照初始请求跳过该车站。如果列车是在人工模式下运行,那么取消跳停就会以正常的方式向司机显示。ATS 向其用户提供特殊的人工跳停功能,用户可以让所有列车跳过特定的车站或站台。时刻表功能可将某一位置确定为时刻表停车位置,该跳停功能是对时刻表功能的补充。ATS 还具有让列车在某一车站或站台继续停车的功能。

8. 列车运行限制

ATS 向其用户提供人工停车功能。收到该功能的请求后,用户通过实施全常用制动,使一辆、一组或所有列车实现人工停车。该功能只在异常情况下适用,如果不调整时刻表,列车就会晚点。如果列车是在人工模式下运行,该停车信息就会以正常的方式向司机显示。ATS 还向其用户提供人工缓解功能,用户可以人工缓解一辆、一组或所有在进路中停车的列车。

ATS 为其用户提供人工请求功能,可复位车载 ATP 设备。车载设备负责认定该请求的有效性,并在安全实施的前提下进行复位。若车载系统拒绝该请求,它会向 ATS 发出拒绝请求的通知。

用户利用 ATS 提供的该项功能,可为 CBTC 范围内任何区段上的所有 CBTC 列车制定/修改/取消临时速度限制。在特定区段,TSR 可将 ATP 速度限制以 5km/h 的降幅减少至最小 10km/h。用户还可说明制定/修改/取消临时速度限制的原因。系统通过共享 CBTC 数据存储器(DSU)对 TSR 实施管理,并向 CBTC 子系统作出相关通知。

ATS 向其用户提供以下人工闭塞功能(由区域控制器实施):在当前位置的道岔闭塞;道岔闭塞解除;出站信号闭塞;出站信号闭塞解除;进站信号闭塞;进站信号闭塞解除。

可用 ATS 提供的功能建立/撤销临时工作区域,此时须通过 DSU 配合使用,接近或通过工作区域的临时速度限制。还可进行线路闭塞,以确保不存在通过工作区域的运行权限。ATS 用户还能禁止/允许具有特定运行模式的列车进入工作区域。ATS 会向用户显示工作区域及接近或通过工作区域的临时速度。列车接近工作区域时,ATS 会向其用户发出声音和图像通知。声音通知("哔哔"声)与 ATS 系统的其他声音通知有所区别。ATS 通过改变列车显示对象,向用户发出图像通知。这些声音和图像通知,可使 ATS 用户通过驶近列车的无线电向轨旁工人发出报警。

收到区域控制器的站台紧急停车激活信息及 DCS 的相关线路闭塞信息后,ATS 系统会向用户作出特殊显示,并发出报警。ATS 系统向其用户提供复位功能,通过 DCS 的线路闭塞解除功能实施。

对于具有专属使用权的非 CBTC 列车及系统无法运转的 CBTC 列车,ATS 用户可利用系统提供的人工功能,为其安排联锁区域之间的进路。ATS 的控制请求向区域控制器发出,区域控制器负责建立该专属进路,并在 ATS 用户人工取消进路之前,禁止其他列车进入该进路。

正处于 ATPM 驾驶模式的列车根据进路请求实施折返运行时,ATS 系统会自动或人工向区域控制器和车载控制器发出控制请求。ATS 收到该列车的方向变更信息后,会通过区域控制器请求为该列车安排进路。如果该折返符合时刻表,ATS 会根据时刻表自动实施上述操作。

正处于 ATO 驾驶模式的列车,根据进路请求实施折返运行时,ATS 系统会自动或人工向区域控制器和车载控制器发出控制请求。ATS 收到该列车的方向变更信息后,会通过区域控制器请求为该列车安排进路。如果该折返符合时刻表,ATS 会根据时刻表自动实施上述操作。ATS 系统还向用户提供人工功能,实施上述折返操作。

ATS 系统可在 CBTC 系统内发出区域封闭指令。封闭区域由 ATS 用户确定。列车禁止进入封闭的区域。封闭区域指令发出后,ATS 即向 DSU 发出信息。DSU 就对其轨道数据库的状态进行更新,将该区域视为固定障碍。然后将该信息发送至 ZC 并执行。ATS 系统还能解除封闭区域的封闭状态。

思 考 题

1. CBTC 系统的运行模式及其功能是什么?
2. 请描述区域控制器的特点、位置、作用。
3. 请列举提高列车运行间隔的 CBTC 影响因素。
4. CBTC 系统的功能有哪些?

第九章　城市轨道交通通信系统

> **内容提要**
> 1. 了解城市轨道交通通信系统的组成及作用；
> 2. 掌握城市轨道交通电话子系统的构成及功能；
> 3. 掌握城市轨道交通广播子系统的结构和功能；
> 4. 掌握城市轨道交通闭路电视子系统的结构和功能；
> 5. 了解城市轨道交通 UPS 电源和接地系统。

第一节　城市轨道交通通信系统概述

一、城市轨道交通通信系统概述

城市轨道交通通信应适应城市轨道交通运输效率、保证行车安全、提高现代化管理水平和传递语音、数据、图像和文字等各种信息的需要，做到系统可靠、功能合理、设备成熟、技术先进、经济实用。

城市轨道交通通信系统一般由传输网络、公务、专用电话、闭路电视、广播、无线、时钟、电源及接地等子系统组成，构成传送语音、数据和图像等各种信息的综合业务通信网。在正常情况下，通信系统为运营管理、行车调度、设备监控、防灾报警等系统提供语音、数据、图像等信息传送的渠道。在非正常和紧急情况下，通信系统可作为抢险救灾的通信手段。其中传输网络（即城市轨道交通骨干网）是通信系统中最重要的子系统，它不仅为本系统的各个子系统，而且也为其他自动控制管理系统提供信息通道。

二、通信系统在轨道交通中的发展和应用

在城市轨道交通通信系统的发展应用过程中，主导和引领整个通信系统发展的是传输子系统，应用在城市轨道交通通信系统的有 PDH、SDH(SONET)、ATM、OTN、IP 网等传输制式。

在 20 世纪 90 年代初我国修建的上海地铁和广州地铁中，采用的是 PDH 传输系统。PDH 传输系统的特点是带宽资源有限，不能传输视频信息，只能满足地铁运营基本的语音信息和数据信息的传输要求。在早期的地铁传输系统中，为了满足传输视频信息的要求，需要单独架设用于视频的通信线路。

随着电信技术的发展，应用于轨道交通传输系统的技术也有更多选择的技术方案，如 SDH 传输技术、ATM 传输技术、OTN 传输技术以及千兆位以太网等。

三、模拟通信系统和数字通信系统

1. 模拟通信系统

在模拟通信系统中传输的是模拟信号。图 9-1 所示为模拟通信系统的基本组成。这里的调制器和解调器对信号的变换起着决定性的作用,直接关系着通信质量的优劣。

图 9-1　模拟通信系统的基本组成

2. 数字通信系统

在数字通信系统中传输的是数字信号。数字通信系统的基本组成如图 9-2 所示。数字通信系统除包括调制器和解调器外,还包括信源编码器、信道编码器、信道译码器、信源译码器和同步系统等。

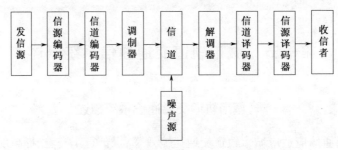

图 9-2　数字通信系统的基本组成

数字通信系统的组成:信源编码器、信道编码器、同步系统。

信源编码器的主要作用是提高数字信号传输的有效性。如果信息源是数据处理设备,还要进行并/串变换,以便进行数据传输。通常的数字加密也可归并到信源编码器中。收端的信源译码是信源编码的逆变换。

信道编码器主要是为了提高数字信号传输的可靠性。由于传输信道内噪声的存在和信道特性不理想造成的码元间的干扰,通信系统很容易产生传输差错,而信道的线性畸变所造成的码间干扰可通过均衡办法基本消除,因此,信道中的噪声是导致传输差错的主要原因。减小这种差错的基本做法是在信码组中按一定规则附加上若干监视码元(或称冗余度码元),使原来不相关的数字信息序列变为相关的新的序列,然后在接收端根据这种相关的规律性来检测或纠正接收序列码组中的误码,提高可靠性。因此,信道编码器又称差错控制编码器。接收端的信道译码器是信道编码器的逆过程。

同步系统用于建立通信系统收、发相对一致的时间关系。因此,同步是数字通信系统正常工作的前提,通信系统能否有效地、可靠地工作,很大程度上依赖于同步系统性能的好坏。同步可分为载波同步、位同步、帧同步和网同步四大类。

数字通信系统的特点:抗干扰能力强;可采用差错控制技术,从而提高数字信号传输的可靠性;便于进行各种数字信号处理,如计算机存储和处理,使数字通信和计算机技术相结合而组成综合化、智能化的数字通信网;数字通信系统可使传输与交换相结合,电话、数据和图像传输相结合,有利于实现综合业务数字网;数字通信系统的器件和设备易于实现集成化、微型化。

第二节　城市轨道交通传输子系统

一、传输子系统的功能

为满足城市轨道交通通信各子系统和信号、电力监控、防灾、环境与设备监控系统和自动售检票等系统各种信息传输的要求,应建立以光纤通信为主的传输系统网络。传输系统宜采用光同步数字系列传输设备或其他宽带光数字传输系统,同时又能满足各系统接口的需求。

传输系统容量应根据城市轨道交通各业务部门对通道的需求确定,并应留有余量。为保证各种行车安全信息及控制信息不间断地可靠传送,传输系统宜根据需要尽量利用不同径路的两条光缆组成自愈保护环。相关资源见二维码10。

光缆容量应满足光同步数字传输系统或其他宽带光数字传输系统、无线基站中继和闭路电视视频信号传输等需要,并应考虑远期发展需要。传输系统应配置传输网络管理系统和公务联络系统。传输网络管理中心设备应设置于控制中心。

二维码10

二、分　　类

按传输媒介分:光纤数字通信系统、微波数字通信系统、卫星数字通信系统。

1. 光纤数字通信系统

(1)光纤。光纤是光导纤维的简称,光纤通信是以光波为载波,以光纤为传输介质的一种通信方式。

目前使用的二氧化硅光纤,在光波波长 $\lambda = 1550nm$ 时,其损耗值在 0.2dB/km 以下,由于损耗低,因此中继距离可达 50km 以上,而传输同样速率的同轴电缆,其中继距离只能达到约 1.5km。

光纤通信具有以下特点:不受电磁干扰;光纤线径细、质量轻,便于施工和运输;资源丰富、成本低;损耗低、中继距离长。

(2)光纤的结构。目前通信用的光纤是石英玻璃制成的横截面很小的双层同心圆柱体,未经涂覆和套塑的光纤称为裸光纤,由纤芯和包层所组成。

纤芯的折射率用 n_1 表示,包层的折射率用 n_2 表示。为使光纤能够进行光传输,必须使 $n_1 > n_2$,这样才可利用光在纤芯与包层界面上的全反射,使光在纤芯中进行传播。

为了保护光纤表面,提高其抗拉强度,一般需在裸光纤表面进行涂覆,构成光纤芯线,光纤芯线是由纤芯、包层、涂覆层及套塑四部分组成。包层的表面涂覆了一层很薄的涂覆层,涂覆材料为硅酮树脂或聚氨基甲酸乙酯,涂敷层的表面套塑(或称二次涂敷),套塑的原材料一般是尼龙、聚乙烯或聚丙烯等塑料。

(3)光纤的分类。目前通信光纤常用的分类方式有两种:一种是按光纤折射率的分布分类,通常分为阶跃光纤(也称均匀光纤)和渐变光纤(非均匀光纤)。另一种是按传输总模数来分类,分成单模光纤和多模光纤。单模光纤(SM)是一种只能传输一种模式的光纤。单模光纤的纤芯直径很小,为 $4 \sim 10 \mu m$。这种光纤的传输频带很宽,传输容量很大,适用于大容量、长距离的光纤通信;多模光纤(MM),在一定的工作波长下,能够传输多种模式的光纤。多模光纤的纤芯直径为 $50 \sim 75 \mu m$,其折射率分布可为渐变型和阶跃型,这种光纤在光纤通信的初期用得较多,目前这种光纤使用的场合较少。

(4)光纤的传输特性主要包括传输损耗和色散。传输损耗指通信信号从一点传输到另一点时的功率损耗。色散特性指由于光纤材料中存在色散,输入的光脉冲波形随着传输距离的增加而增宽、变形,产生码间干扰,增加了误码率,使光纤通信的通信容量和传输距离受到影响。光纤的色散包括模式色散、材料色散和光波导色散。其中模式色散的影响最大。对于多模光纤主要考虑模式色散的影响,而在单模光纤中只有材料色散和光波导色散,而不存在模式色散。所以说,单模光纤的色散较小。

(5)光缆的基本结构由缆芯、加强元件和护套组成。缆芯,由光纤组成,可分为单芯和多芯两种;加强元件,为使光缆能够承受敷设安装时受到的外力,避免其中的光纤断裂,需在光缆的中心或四周加一些加强元件。加强元件可用金属或非金属材料(如塑料)构成;光缆的护套主要对光缆中的光纤起保护作用,避免其受到外力时损坏并减少外界环境对其的影响。常用的光缆结构形式有层绞式光缆、束管式光缆、骨架式光缆和带状式光缆。

(6)光纤通信系统的组成。光纤通信系统普遍采用的是数字编码和强度调制直接检测通信系统。电端机和光端机均包括发送和接收两部分。其中发送光端机是将电信号变换成光信号,接收光端机则是将光信号转换成电信号。

若系统为数字光纤通信系统,则电端机为一个 PCM 端机。该端机把时分复用的群路数字信号送到光端机,直接对光源进行强度调制变成光信号,然后送入光纤,经光纤传输,再经光中继器再生处理后,送入下一段光纤,传送到接收端,在接收端的光端机对收到的光信号进行逆处理(对发送端而言)完成光电转换。光端机输出电信号后再送至电端机,由电端机进行分接,把群路信号分接成单路信号,再经过译码和数/模转换等,形成模拟信号送至用户。在当今的光纤通信设备中,光、电端机是合设在一个架上的,故称为光电合一机架。

光纤通信设备的组成是由发送光端机、接收光端机和光中继器三部分组成。

发送光端机的主要功能是实现电光转换和把光信号送入光纤,发送光端机由输入部分和发送部分组成。输入部分包括均衡器、码型变换器、扰码器、编码和时钟电路,发送部分包括驱动电路(也称为调制电路)、光源、自动光功率控制电路(APC)和自动温度控制电路。其中光源是发送光端机的核心。

接收光端机由输出部分和接收部分组成。输出部分包括解码、解扰和码型反变换电路;接收部分包括光电检测器、放大器、均衡器、判决器、自动增益控制电路(AGC)和时钟电路。其中光电检测器是接收光端机的核心。

光中继器,光脉冲信号从光发射机输出,经光纤传输一定距离后,由于光纤的损耗和色散的影响使其幅度受到衰减,波形发生畸变,从而限制了其长距离传输。为此,需要加一个光中继器来放大衰减了的信号和重新恢复畸变了的信号,使光脉冲得到再生。光中继器分为光再生中继器和光直接放大器两种。

2. 微波数字通信系统

利用微波的视距传播特性,经中继站转发信号而实现的无线电通信称之为微波中继通信。目前微波中继通信系统中还是以 15GHz 以下的频段为主。

对于地面微波中继通信,考虑到微波在空间沿直线(视距)传播和传播过程中的衰减等因素,为了获得稳定的传播特性,传输距离一般在 40km 左右。所以每隔一段距离需设置一个微波中继站。中继站的收信天线把前一站传来的微波信号接收下来,加以必要处理,再通过另一天线向下一站发送,这样在地面上一站接一站地往前传送下去,直至终端站,组成一个微波中继通信系统。

微波中继通信系统的分类:按照传送的信号形式可分为模拟微波中继通信系统和数字微波中继通信系统。目前主要采用的是数字微波中继通信系统。

3. 卫星数字通信系统

卫星通信是在地面微波通信和空间技术的基础上发展起来的一种全新的通信方式,是现代通信技术的重要成果。它已在国际通信、国内通信、移动通信以及广播电视等领域得到广泛应用。

卫星通信是指利用人造地球卫星,作为中继站转发无线电信号,实现两个或多个地球站之间信息传输的一种通信方式。卫星通信系统是由地球站、通信卫星和地面遥测站等组成。

地球站是指设在地球表面(包括地面、海洋和大气中)上的无线电通信站。而用于实现中继通信目的的这种人造卫星就称为通信卫星。地面遥测站则对通信卫星进行跟踪测量,以保证通信卫星在确定轨道和正常位置上运行。通信卫星按其运转轨道可分为运动卫星和静止卫星两种,目前应用最广泛的是静止卫星。

(1)静止卫星通信系统。所谓静止卫星就是发射到赤道上空35860km处圆形轨道上的卫星。它运动的方向与地球自转的方向相同,绕地球旋转一周的时间约是24h(严格地说是23h56′04″),和地球的自转周期相等。所以从地球上看,卫星如同静止一般。静止卫星并不是说卫星是静止不动的,而是与地球同步运行。由静止卫星作中继站组成的通信系统称为静止卫星通信系统,或称为同步卫星通信系统。

(2)低轨道移动卫星通信系统。低轨道(LEO)移动卫星通信系统是20世纪80年代后期提出的一种新设想,其基本构想是利用数十颗低轨道卫星构成星座,使人们可以在较大范围内通过手持式通信终端进行通信。

目前,LEO系统能够实现卫星终端小型化。小型卫星及其发射成本低,其收费与地面通信中的汽车电话、便携式电话收费差不多。

按采用技术分为:PDH(异步数字通信系统)、SDH(同步数字通信系统)、OTN(开放的传输网络)、ATM(异步传输模式)。

(1)PDH。PDH系列存在诸如传输速率、帧结构和光纤接口等方面无世界性规范,逐级复用插入分支不灵活,维护和网管功能差等问题,造成PDH系列不能适应现代电信网的发展需要。

(2)SDH。SDH是数字通信发展的重大转折,它的优越性将使SDH成为今后数字传输系统的主流。在SDH中,其基础传输信号是同步传送模块(STM),STM-1为第一级同步传送模块,STM-N称为第N级同步传送模块。STM-1的传送速率为155520kbit/s,第N级的传送速率为$N×155520$kbit/s。目前N的取值为1、4、16和64,且从STM-1以上信号完全采用同步字节复用。STM-1的帧结构为270×9字节,每个字节编8位码,在SDH块状帧结构中帧长为125μs,这也是SDH的一个重要特点。SDH的主要吸引力在于极大地增加了带宽(目前商用最高的等级为STM-64,其速率为9953.280Mbit/s,即通常说的10Gbit/s,含有4032个2Mbit/s的支路),并提高了管理能力,PDH系列存在的问题在这里都能得到解决。

(3)OTN。OTN(光传送网,Optical Transport Network),是以波分复用技术为基础、在光层组织网络的传送网,是下一代的骨干传送网。

OTN的主要优点是完全向后兼容,它可以建立在现有的SONET/SDH管理功能基础上,不仅可使存在的通信协议完全透明,而且还为WDM提供端到端的连接和组网服务,它为ROADM提供光层互联的规范,并补充了子波长汇聚和疏导能力。

（4）ATM。ATM 是 Asynchronous Transfer Mode 异步传输模式的缩写。ATM 是一项数据传输技术，是实现 B-ISDN 业务的核心技术之一。ATM 是以信元为基础的一种分组交换和复用技术，它是一种为了多种业务设计的通用的面向连接的传输模式。它适用于局域网和广域网，具有高速数据传输率和支持许多种类型如声音、数据、传真、实时视频、CD 质量音频和图像的通信。ATM 采用面向连接的传输方式，将数据分割成固定长度的信元，通过虚连接进行交换。ATM 集交换、复用、传输为一体，在复用上采用的是异步时分复用方式，通过信息的首部或标头来区分不同信道。

优点：吸取电路交换实时性好，分组交换灵活性强；采取定长分组（信元）作为传输和交换的单位；具有优秀的服务质量；目前最高的速度为 10GB/s，即将达到 40GB/s。

缺点：信元首部开销太大；技术复杂且价格昂贵。

三、传输系统的构成

硬件：终端设备、中继设备、光缆、网管及维护终端。
软件：系统软件、管理维护软件。

第三节　城市轨道交通公务电话子系统

一、公务电话子系统的功能

城市轨道交通公务电话用于各部门间进行公务通话及业务联系，主要功能为：语音业务和非语音业务。相关资源见二维码11。

1. 语音业务

(1)完成电话网内本局、出局及入局呼叫。
(2)能与市话局各类交换机配合完成对市话的呼叫。
(3)完成国内和国际长途全自动的来话去话业务。
(4)完成各种特殊呼叫。
(5)完成与公用网中移动用户的来去话接续。
(6)完成对无线寻呼的呼叫。

二维码11

2. 非语音业务

(1)向用户提供话路传真和话务数据业务。
(2)提供 64kb/s 的数据和传真业务。
(3)提供用户线 2B+D/30B+D 的交换接续。

二、公务电话子系统结构

公务电话子系统由程控交换机组成单局式或双局式地铁专用电话网，交换局设在控制中心和车辆段，与市话局之间采用自动呼出、自动呼入。地铁沿线各站（段）配置的自动电话、数字终端和 2B+D 用户终端经接入网传输汇集于局端 OLT。

三、公务电话子系统设备组成

公务电话子系统由程控电话交换机、自动电话、传输系统提供的数字中继线路及其附属设备组成。

第四节　城市轨道交通专用电话子系统

专用电话系统是控制中心调度员、车站、车辆段的值班员组织指挥行车、运营管理以及确保行车安全而设置的专用电话系统设备。

1. 专用电话子系统功能

调度电话包括行车、电力、防灾环控、维修和公安等调度电话；各调度台能快速地单独、分组或全部呼出分机，分机摘机即呼调度台。调度员可通过操作调度台，一键完成对沿线各站的单呼、组呼、全呼、强插、强拆、召集会议等功能。车站值班员呼叫调度员采用热线方式，摘机即通。

2. 专用电话子系统结构

调度总机设控制中心，调度分机设在各个车站，调度总机与分机之间通过专用信道以全辐射方式连接。

各调度系统的分机通过程控交换机连接。这要利用程控交换机的闭合用户群功能，在网内可组织若干个闭合用户群。用这种方式，以程控交换网为依托，构成的调度电话系统是一种虚拟的独立系统。此外，为保证调度员和分机之间的呼叫无阻塞，可在中心交换机和各车站交换机之间设置直接中继通道。站间行车电话也应能摘机即呼，这可利用交换机在相邻两站的行车电话机之间建立双向热线实现。而轨旁电话沿隧道设置，轨道沿线电话并联后接入邻站交换机。轨旁电话可直接呼叫上行值班员、下行值班员和行车调度员。

3. 专用电话子系统设备组成

专用电话子系统包括调度电话，站间行车电话，车站、车辆段直通电话以及区间轨旁电话。

调度电话系统由中心调度专用主控设备，车站、车辆段专用主控设备，调度电话终端、调度电话分机、录音装置以及维护终端等组成。调度电话终端设置在控制中心各调度台上。

第五节　城市轨道交通广播子系统

1. 广播子系统的功能

轨道交通系统中广播的主要作用有两个方面，一是对乘客进行广播，通知列车到站和离站的信息；或者播放音乐以改善候车环境；或在发生意外情况时疏导乘客。对乘客广播的播音范围主要是站台层和站厅层。广播的另一个作用是对工作人员进行广播，其播音范围为办公区域、站台、站厅、隧道及车辆段范围内，以便发布有关的通知信息，使有关工作人员协同配合工作。相关资源见二维码12。

一般轨道交通系统中广播采用多信源选区广播方式，即广播信息有不同的内容和不同的信息源，广播的区域也在不同的地区，广播系统具有在不同区域选择不同信息源广播的功能。何时、何地区、广播何种信息由广播系统按运营要求自动运行。

二维码12

2. 广播子系统结构

轨道交通广播系统采用二级广播控制方式，由控制中心一级和车站一级组成。轨道交通车站广播区分为上行站台、下行站台、售票区、站厅、出入口和办公区等。当轨道交通发生故障或灾害时,广播系统自动转为抢险通信设备,环境调度员具有最高优先权。

控制中心播音控制台上输出的语音信号和控制信息,经过光传输系统传到各个车站,由车站广播控制设备接收。车站设备根据中心发来的指令,控制启动车站广播执行装置,语音经放大均衡后播送到指定的广播区域。同时,车站广播控制设备亦将本站执行的状态反馈传送到控制中心,并在控制中心播音控制盒上显示,来完成中心调度对车站的选路、选站、选区遥控操作和指挥。当控制中心不操作时,各车站广播均能独立自主地实现自控操作。

控制中心广播系统由中心广播控制台、CD播放机、网管终端、网络控制器、网管接口装置、多信源转换矩阵、数字录音装置、语音合成器、报警单元、电源装置、中心广播机柜及线缆等组成。

系统对该站台进行定向人工广播。控制台内部设有自动压限电路,当用话筒广播或播放语音合成的内容时,将自动压限外部线路输入的信号,实现插播功能。语音合成器可存入多条语音信息。系统中的网络控制器可控制各广播的优先级,优先级可由网管进行修改。中心配备数字录音装置,可对控制中心的环调和行调广播内容进行录音。该录音装置对语音信号采取 MP3 实时压缩处理,以数字形式进行存储,并记录广播的日期、起始时间、结束时间、控制台编号、广播对象及语音内容。在存储器起始端制作查询目录,方便管理人员查询。同时,在电路设计中设有防修改电路,保证记录内容真实可靠,录音方式为 24 小时循环录音。在各车站的站台及站厅等旅客公共区域处设置噪声传感器,噪声传感器将检测到的噪声信号传到噪声检测控制器,实现噪声检测功能。在控制中心配置有一台网管微机,该网管微机与中心的网管控制器连接,随时接收网管控制器发来的车站信息,将信息处理后在监视器上显示出来,能监测系统中各设备的运行状态。当有广播操作时,输出切换控制器将收到的信息进行处理,检查各广播区和功放的开关情况,根据预先设定的功率进行核算,在同一广播信源的情况下,如广播区的负载没有超过一台功放的功率,即启动一台功放工作,当广播区的负载超过一台功放的功率时,即自动启动另一台功放工作。依此类推,达到最佳的功率匹配,提高设备的利用率。为增加系统的可维护性及可靠性,在设备维护期间,不得使广播出现中断,除车站广播控制系统的主播通道外,在广播控制台上另设置了内置话筒的应急广播设备,当正常的控制通道、语音通道或部分设备故障时,广播员可通过应急系统进行直接广播,面板上设置了多路编组广播区选择键,广播员可提前预置不同的广播区组合。应急系统由独立电源供电,由噪声检测控制器直接调整功率放大音量。

3. 广播子系统设备组成

车站广播系统主要由车控室广播台(话筒)、车站广播设备、扬声器等设备构成。车控室广播台配有带控制键盘,可以对本站范围内的广播区进行选择和播音;车站广播设备具有接口控制功能和信号放大功能;扬声器作为广播终端设备将广播信息传递到选定的区域。

控制中心广播系统主要由行车调度广播台、电力调度广播台、环控调度广播台和控制中心广播设备(控制器、语音信号处理器等)组成。

第六节 城市轨道交通闭路监视子系统

闭路监视系统(CCTV)作为一种图像通信系统,具有直观、实时的动态图像监视、记录和跟踪控制等独特功能,是通信指挥系统的一个重要组成部分,因其具有独特的指挥和管理能力,已成为城市轨道交通实现自动化调度和管理的必备设施,并可实现对地铁重点区域、要害区域和易发案场所进行有效防范,既确保地铁运营生产安全,又威慑犯罪分子,减少所辖公共场所的发案,并可通过提取分析录像资料为案发后的侦察破案工作提供重要线索。

一、CCTV 子系统的功能

城市轨道交通电视监视系统分运营调度图像辅助指挥和公共安全管理。

1. 运营调度图像辅助指挥

运营调度图像辅助指挥由轨道交通线运营部门应用管理,为轨道交通线运营调度指挥提供图像辅助。运营调度控制中心在实施列车调度、运营管理和防灾控制指挥中,借助电视监视系统,实时直观地了解线路运营情况和事故灾害信息,使调度控制指挥人员能够在管理事件的第一时间获取事件现场实时的直观图像资料,从而能及时作出控制反应。同时调度控制人员,能够操控电视监视系统的前端摄像机云台(公安用摄像机除外)和图像记录设备,跟踪事件的场景区域,掌握事件演进过程,并记录事件现场图像,以备日后查阅和分析。

平时,调度控制人员能够通过电视监视系统,巡检全线各车站运营情况,能够任意调看各车站各摄像机(公安用摄像机除外)的采集图像,并对重点场景图像进行不间断记录,可操控各站的硬盘录像机选定某个图像进行远程回放。

系统为轨道交通车站运营管理提供图像监视信息。车站控制管理人员借助电视监视系统,实时直观地了解本站运营情况,并能够操控本站摄像机(公安用摄像机除外),切换控制和图像记录设备,对监视图像进行巡检、调视、跟踪和记录。

2. 公共安全管理

由公安部门应用管理系统为轨道交通线公共安全管理,提供辅助手段,为公安指挥中心提供全线各车站实时场景图像。公安指挥中心值班人员可以任意操控调看各车站各摄像机(运营用摄像机除外)、云台和图像,以巡检和跟踪各车站现场场景,及时了解全线安全情况,发现治安事件,判断事件性质和规模,从而实施快速反应和高效指挥。公安指挥中心值班人员可以对重点场景图像或事件现场图像进行不间断记录,以备日后查询和分析历史资料。

二、CCTV 子系统结构

车站内部的控制信号可通过控制电缆传输;视频信号可通过视频同轴电缆传输。在站间传输时,控制信号可通过 SDH 传输系统提供的从控制中心至各车站的共线低速数据通道进行传输,而视频信号可通过数字图像传输方式进行传输,即将每个车站的多路视频信号分别经数字压缩编码(H261,MPEG2)处理后,通过 SDH 传输系统送至控制中心,控制中心数字交换控制模块筛选出多路压缩编码数字视频信号后进行视频解码,将还原后的视频信号送至相关调度台的各监视器上。用以上方式时,如果车站及每站所传的视频信号路数较多,则将占用较大的带宽,这时可将所要监视的视频信号在网上传输,其余的信号则在需要时切换进主干网中传输。

1. 控制中心监视子系统

控制中心监视子系统包括图像显示、图像切换控制、图像录制和网络管理等部分。

2. 车站(车辆段)监视子系统

车站(车辆段)监视子系统由图像摄取、图像处理、图像切换控制、图像显示和图像录制等部分组成。

3. 视频与控制信号传输子系统

（1）本地传输：在本车站（车辆段）范围内控制信号可通过控制电缆传输；视频信号通过视频同轴电缆传输。

（2）远距离传输：控制信号远距离传输采用由数字传输系统提供的控制通道，完成相应的控制功能；网管数据远距离传输采用由传输系统提供的、从控制中心至车站及车辆段之间的低速数据传输通道，视频信号的远距离传输通过数字传输系统提供的视频接口，在各车站（车辆段）经过 A/D 变换和数据压缩、编码，再经传输系统传至控制中心，在控制中心完成反向变换，解码输出模拟视频信号。

（3）视频信号压缩编码方式及传输方式的选择：由于地铁对 CCTV 监控系统传输图像的质量和实时性要求比较高，因此采用每路视频压缩技术。

车站图像摄取范围为站台层、站厅层、售票厅、检票口、自动扶梯、各出入站口、厕所通道、楼梯、楼梯通道、通道拐弯、隧道口和高压设备室门口等处；车辆段的图像摄取范围为停车列检库、架修库、定修库、联络线等处；并根据需要在高压设备室、低压设备室、通信机械室、信号机械室以及 AFC 机械室等处设置视频采集点。

地铁站入口处人群相对较少，架设彩色快球摄像机，采用广角镜头以获得大的视角，对进站的人员进行图像监控。

闸机、检票口和售票大厅，人行进出速度较慢，尤其是自动检票闸机必须单人次顺序经过，架设彩色固定摄像机进行监控，容易获得乘客清晰的五官图像。采用高倍变焦镜头，可对锁定目标随时放大或抓拍，提供清晰的图像资料。在经过楼梯和通道时，人群被整形，有利于摄像。而且人员在楼梯上时，容易取得摄像的有利角度，在楼梯口架设摄像头分别监控出站人群和进站人群。站台上，人群再次分散，在站台和候车大厅架设摄像机进行随机摄像和定点摄像，尽量做到无盲区。在厕所通道、隧道口以及高压设备机房入口处等重要部位设置摄像机，增加监视区域。

4. 闭路电视（CCTV）子系统设备组成

闭路电视监控系统主要由摄像机（包括云台）、监视器、控制切换设备和传输网络等各部分组成。

第七节　城市轨道交通时钟子系统

1. 时钟子系统的功能

时钟系统为通信、信号、防灾报警、电力监控等专业设备提供统一的定时信号，为控制中心、车站、车场等各部门工作人员提供统一的时间信息，并且为广大乘客提供统一的标准时间信息。

2. 时钟子系统结构

中心母钟（一级母钟）接收来自 GPS 的标准时间信号，通过传输子系统传输给车站及其他场所母钟（二级母钟），由二级母钟按标准时间信号指挥子钟统一显示时间，为乘客和工作人员提供标准时间。同时具备数字式及指针式多路输出接口以及数据接口，为其他子系统（或时间显示设备）提供统一的时间信号，使各机电系统的定时设备与时钟系统同步，从而实现全线统一的时间标准。

3. 时钟子系统设备组成

时钟系统主要由监控终端、一级母钟(中心母钟)、二级母钟(车站及车辆段母钟)、子钟(包含时间显示设备)及传输通道五部分组成。

第八节 城市轨道交通无线子系统

一、无线通信的分类和方式

城市轨道交通无线通信系统是城市轨道交通通信系统中不可缺少的组成部分,是提高地铁运输效率、保证运营行车安全的重要手段。轨道交通无线通信系统主要由具有极强调度功能的无线集群通信子系统、无线寻呼引入子系统、蜂窝电话引入子系统等构成。轨道交通无线通信属于移动通信的范畴,但又具有限定空间、限定场强覆盖范围、技术要求高、专用性强、系统复杂等特点。

无线子系统主要用于地铁、轻轨线的列车运行指挥、公安治安、防灾应急通信和设备及线路的维修施工通信。

根据运行组织、业务管理需要,其工作区域及工作性质不同,无线通信系统分为以下6个无线通信作业系统。

(1)列车无线调度系统供列车调度员、司机、车站值班员、停车场(车辆段)信号楼值班员之间及车站值班员与站台值班员之间通信联络,满足列车运行需要。

(2)公共治安无线系统供公安调度员与车站公安值班员及公安外勤人员之间通信联络。维护日常和灾害时的车站秩序,确保乘客旅行安全。

(3)事故及防灾应急无线系统,供防灾调度员、车站防灾员、现场指挥人员及有关人员间通信联络,进行事故抢修及防灾救灾。

(4)停车场调车、检修无线系统,供停车场运转值班员、调车员、检修员间通信联络,进行列车调车与车辆站修和临修。

(5)车辆段调车、检修无线系统,供车辆段运转值班员、调车员、检修员间通信联络,进行车辆调车、车辆月修和定修。

(6)维修及施工无线系统,供机、工、电维修人员相互间通话联络,进行线路、设备维修及施工抢修。

1. 无线子系统的功能

1)系统呼叫功能

系统呼叫具有以下功能:完成调度员(固定台)与移动台之间的全自动通话接续;完成移动台与移动台之间的全自动通话接续;完成无线用户与PABx之间的全自动通话接续;具有选呼及组呼功能;具有调度和重要用户实现广播及系统呼叫功能;具有多级优先、遇忙排队、自动呼叫、自动重发、紧急呼叫功能;具有首长呼叫及呼叫转移功能;具有状态呼叫功能;具有语音及长、短数据信息传输功能;具有开放信道呼叫功能。

2)系统控制与管理功能

系统控制与管理功能包括:具有控制电话呼叫及通话限时功能;调度员具有强拆、强插功能;具有集中的网络管理功能;具有呼叫记录和通话录音处理功能;具有用户动态重组功能。

3）系统诊断和可靠功能

系统诊断和可靠功能包括：具有系统自诊功能；具有故障告警、显示功能；具有故障弱化功能；具有备份控制信道功能。

2. 无线子系统结构

系统的基本结构通常采用基站加露泄同轴电缆中继方式。全线通常设一个控制中心，一个或若干个集群基站，一个无线移动交换机，基站信道数根据用户数及话务量大小灵活配置，动态分配。

3. 无线子系统设备组成

（1）集群调度通信系统，包括集群控制器、无线交换机、调度台、基站收发信机、天馈系统、机车电台、操作维护终端。

（2）漏缆中继系统，包括光纤射频传输系统、双向放大器。

（3）无线寻呼引入系统，包括前端接收部分、信号处理部分、寻呼发射机、高功率线性放大器。

（4）蜂窝电话引入系统，包括高增益大功率线性放大器、高隔离双工器及高性能合路平台。

二、列车无线调度电话

城市轨道交通的无线集群通信系统为控制中心调度员、车辆段调度员、车站值班员等固定用户与列车司机、防灾、维修、公安等移动用户之间提供通信手段。系统必须满足行车安全、应急抢险的需要，并考虑"互联互通"的需要。目前，城轨无线集群通信系统均采用 TETRA 数字集群通信系统组网，该系统在保证行车安全及处理紧急突发事故方面有着不可替代的作用，同时还能为各个部门提供便利的通信手段。

1. 无线集群通信

无线集群通信的应用始于 1970 年，是一种智能化的无线频率管理技术。通常情况下，它专门用于生产和运行管理；紧急情况下，用于处理突发事件，是当今最有效的调度指挥通信工具。集群系统的本质是允许大量用户共享少量通信信道和虚拟专网技术。其工作方式与移动电话系统相似，由一个交换控制中心根据需要，自动为用户指定无线信道。

集群通信已从单基站发展到多基站、大范围的越区通信，尤其是在世界范围内推出数字无线集群通信后，其性能日趋完善。

2. 无线集群通信的主要特点

与公众蜂窝移动通信系统相比较，无线集群通信系统具有以下主要特点：

（1）呼叫接续速度快（300～500ms）；

（2）以组呼为主，同基站群组内用户共享下行无线频道；

（3）采用按键讲话（m）方式，进行单工或半双工呼叫；

（4）支持私密选呼与群组呼叫；

（5）组内呼叫和讲话时，需按住 FR 键，同组被叫不需要摘机，可直接接听。

3. 城轨的无线集群通信系统

目前城轨的行车调度广泛使用计算机辅助调度（CAD）子系统，该系统接收来自 ATS 的信息(包括车次号、机车号、位置等信息)自动生成行车控制信息,并将 CAD 功能集成到行车调度台上。CAD 子系统通过应用程序接口(AU)接入数字集群系统。通过集群系统将列车运行的信息(本次列车位置、速度等信息)显示在被呼司机车载台的屏幕上。除此以外,车载台可根据位置信息自动完成列车的追踪切换沿线的车站值班员(指自动完成基站之间的信道切换,这类似于 TD-SCDMA 的接力切换功能)。

无线集群通信分机间具有脱机对讲功能(相当于对讲机)。在司机与调度员不能正常通话的紧急情况下,利用该功能,司机可直接呼叫车站值班员,起到应急通信的作用。该系统具有选呼、组呼、列车广播、优先呼叫、强拆、强插、调度通话录音、后台监听等功能。

4. 城轨无线集群通信系统的功能需求

(1)无线通信可以为城轨内部固定工作人员与流动工作人员提供话音通信、短信息与分组数据通信。系统以调度组通信(组呼)为主,也可以提供用户之间一对一的选择通信(选呼、单呼)。

(2)根据业务需要,为控制中心行车调度员、环控(防灾)调度员、维修调度员、公安中心调度员、车站值班员、车辆段/停车场值班员、列车司机以及各部门流动人员之间提供无线通信手段。为车辆段/停车场值班员对段内的流动人员提供无线通信手段。

(3)按使用部门进行优先权排队,当业务信道全部占用时,优先权级别高的呼叫可中断优先权级别低的通话,以保证调度作业的正常进行,并确保紧急情况下(例如:发生火灾、恐怖事件)的指挥、调度。

(4)具有紧急呼叫功能,紧急呼叫的优先权高于所有的呼叫。

(5)控制中心调度员可插入列车广播,对列车乘客进行选呼广播和全呼。

(6)控制中心调度员可监听本部门调度用户的通话,并可以对所有通话自动或人工录音。

(7)控制中心的无线调度核心网设备具有呼叫记录功能,存储主呼和被呼号码、位置、类型、日期和时间;必要时,可打印输出。

(8)具有设备的自检和中心检测功能。

(9)系统选择 800MHz 工作频段,具体频点与数量需经当地无线电管理委员会批准。

(10)地面(高架)线路和地面(高架)车站、车辆段/停车场,采用基站和空间波天线完成工作区域的场强覆盖;地下线路和地下车站采用基站(或直放站)和漏泄同轴电缆(或隧道天线)完成工作区域的场强覆盖。

(11)整个系统由位于控制中心的核心网设备、位于车站的无线接入(基站)设备、列车台、各部门便携台和传输通道等组成。

(12)固定台采用全双工或半双工工作方式,列车台采用全双工(对固定用户)或单工/半双工(对移动用户)工作方式,便携台可采用单工、半双工工作方式。

(13)在语音质量为三级的保证条件下,边缘覆盖概率为:系统空间波覆盖的地点概率不小于90%,漏泄同轴电缆辐射电波覆盖的地点概率不小于95%。

5. 无线调度的通信方式

在无线调度通信中,其无线终端带有 m 发送讲话键,按下 PPT 键时打开发信机,关闭收信机,松开 PPT 键时关闭发信机,打开收信机。无线调度可以采用单工、半双工、全双工三种通信方式。

6. 专网调度与集群调度

1) 专网调度

一个调度专网配置一组专用载频,即使载频空闲,其他专网亦不能使用。例如,一条城轨线路建立了行车调度、维修调度、防灾调度、公安调度等专网,则各专网所分配的载频不能互相通用。

2) 集群调度

集群调度将几个专网合并,共用一组公共载频,建立一个集群调度网。在集群调度网中各专网以虚拟专网的形式存在,各虚拟专网有自己的调度台与移动台,用户并不会感觉到其他虚拟专网的存在。这样,各虚拟专网可以共享公共载频资源。

与专网调度相比较,集群调度具有如下优点:①共用频点;②共用设施;③共享覆盖区;④共享通信业务;⑤分组费用。

7. 无线集群通信系统的集群方式

集群通信系统的主要通信方式为调度台与移动台、移动台与移动台之间的单频道单工或半双工通信。根据统计,一次典型的半双工"调度通话"由 4 个半双工传输组成,每个半双工通话时间约为 4s,甲、乙双方各讲话 2 次,共 16s。加上双方讲话间 3 次停顿,每次 2s,共 6s,则一次通话共占用无线信道 22s 的时间。

集群方式系指如何给集群用户之间的一次通话分配无线信道。集群可分为:消息集群;传输集群;准传输集群。

8. 无线集群通信系统的组网方式

1) 大区制

大区制一般在一个服务区域(例如一个城市)只设置一个基站,利用直放站(亦称中继器)加大其覆盖范围,若话务量大可以配置较多的无线信道。在城轨通信的一条线路中,若采用大区制组网,可以在一个车站设置基站,全线其他车站均设置直放站。

大区制的特点为:不存在越区切换问题,工程造价低。

其缺点为:可靠性较低,存在多径干扰的场点较多,单基站的载频受限使扩容受到限制。

2) 中区制

中区制一般在一个城市只设置少量基站,利用直放站加大其覆盖范围,若话务量大,可以配置较多的频点。在城轨通信的一条线路中,若采用中区制组网,可以在少数几个车站设置基站,全线其他车站均设置直放站。在城轨中,中区制基站与直放站之间,可以采用同轴漏泄电缆链接或利用城轨传输网链接。

3) 小区制

小区制一般在一个城市设置多个基站,直放站只用来消灭个别盲区,类似公众蜂窝移动通信网的组网方式。在城轨通信的一条线路中,若采用小区制组网,可以在每一个车站设置基站,非相邻基站载频频率一般允许进行空间复用,频率资源利用率高。

4) 基站间的越区切换

在无线集群通信系统的小区制组网方式中,每个基站小区(以下简称小区)使用一组载频,邻近小区使用不同载频。移动台离开一个小区进入另一个邻近小区时,需进行载频切换,这种切换统称为越区切换。

越区切换发生在移动用户处于小区覆盖的边缘地带时,判断切换的准则一般有:信号电平准则和载干比准则。

在城轨无线集群通信系统中,若采用小区制或中区制组网方案,车载台在列车行进过程中经常会发生越区切换。

9. 无线通信中的多址技术

在无线通信系统中各基站和移动用户终端间的通信,共用一个空间物理媒体。需要采用不同的信号特征去表征每一个无线信道,以便接收端能够选择接收所需无线信道。无线集群通信系统采用多址技术,类似于有线传输中的多路复用技术。实现多址连接的理论基础是信号分割技术,也就是在发送端改变信号的某些特征,使各站所发射的信号有所差异。在接收端具有信号识别能力,能从混合信号中选择出所需接收的信号。

目前,在无线通信系统中所采用的多址方式主要有:频分多址、时分多址和码分多址。

第九节 城市轨道交通通信电源及接地系统

一、UPS 电源系统

通信电源系统必须是独立的供电设备并具有集中监控管理功能。通信电源系统应保证对通信设备不间断、无瞬变地供电。通信电源设备应满足通信设备对电源的要求。

为了保证地铁各通信系统正常工作,一个安全可靠的通信电源及接地系统必不可少。通信电源系统应安全、可靠地向各通信设备不间断地供电。

1. 电源系统组成

1) 系统要求

地铁通信电源系统需要供电系统提供两路安全可靠的三相五线制交流电源,控制中心、各车站(场)的通信设备均要求按一级负荷供电。

2) 系统构成

地铁通信电源系统有交流供电和直流供电两种供电方式。

3) 组成方式

由于目前地铁车站各通信子系统的设备大多以交流供电为主,各车站仅少数设备需直流供电,且直流用电量较小,若车站再设直流供电,各站都需增加一套高频开关电源与 -48V 蓄电池组。因此,从经济合理性考虑,各车站一般不设直流供电,由交流不间断电源设备向各通信设备供电。对少数需直流供电的通信设备,可采用设备厂家机柜内自带整流器的方式解决。

对于控制中心或个别直流用电量较大的站(场),若采用设备厂家机柜内自带整流器的方式,从可靠性、合理性上考虑不太适宜,一般宜采用交、直流两种电源供电方式。采用交流供电的通信设备,由交流不间断电源设备向负载供电;采用直流供电的通信设备,由直流高频开关电源与蓄电池并联浮充的方式供电。

2. 系统主要功能及技术指标

1) 交流配电柜

交流配电柜主要用作交流电源的转换和配电,用交流配电柜的两路电源切换盘,可对两路输入电源进行自动/手动切换,有可靠的电气联锁和机械联锁。多路负载分路对输出电源进行分配,输出至各通信子系统设备。配电盘上应能显示常用电源、备用电源的三相电压、负载电流情况。配电柜应具有过压、欠压、过流、防雷和浪涌吸收保护装置,当电源故障时给出告警,并提供本地和远端监控功能的通信接口或输出信号。

其主要技术指标如下:输入电压 380V(1±15%);输入频率 50Hz(1±5%)。过、欠压保护具有交流电压过压、欠压保护的装置。

2) 不间断电源设备

不间断电源设备主要由整流器、逆变器、静态开关和旁路开关、蓄电池组等组成。在正常供电时,不间断电源设备能起到稳频稳压作用,并向负载供电,同时给蓄电池充电;当停电时,不间断电源设备则通过配备的一组蓄电池经逆变器向负载供电。不间断电源设备具有手/自动旁路功能。在负载端发生过载以及逆变器发生损坏的情况下,不间断电源设备将自动无间断地切换到电子旁路继续供应负载;当不间断电源设备内部的电子部件损坏维修时,为了不影响对负载的供电,可人为将不间断电源设备切换到手动旁路。不间断电源设备能显示工作状态和报警状态,并提供本地和远端监控功能的通信接口。

其主要技术指标如下:输入电压 380V(1±15%);输入频率 50Hz(1±5%);输出电压 220V(1±1%);输出频率 50Hz(1±0.1%);输出功率因数≥0.8;整机效率>92%。

3) 直流高频开关电源

直流高频开关电源由整流模块、监控模块、直流配电单元等组成。直流高频开关电源的交流电源由交流配电屏引入,输出可靠的 48V 直流电源至相关的通信设备。当正常供电时,整流器一方面给通信设备供电,一方面又给蓄电池充电;当停电时,直流高频开关电源则通过配备的蓄电池组向负载供电。整流模块采用 $N+1$ 备用。直流高频开关电源应有过压、过流保护,防雷和输出端浪涌吸收装置,故障时有告警功能,并提供本地和远端监控功能的通信接口。

其主要技术指标如下:输入电压 323~418V;输入频率 50Hz(1±5%);额定输出电压 48V;稳压精度≤±1%;均流误差同型号整流模块能多模块并联工作,并具有按比例均分负载性能。其不平衡度≤±5%输出额定电流值。

4) 免维护阀控式全密封铅酸蓄电池

其主要技术指标如下:均衡充电单体电压 2.30~2.35V;浮充电单体电压 2.23~2.27V;端电压的均衡性由若干个单体组成一体的蓄电池,其各单体间的开路电压最高与最低差值≤20mV。

3. 电源监控系统

鉴于通信电源的重要性,对其进行监控已成为提高电源系统稳定性和可靠性,实现安全供电和维护管理的一个不可缺少的环节。通信电源系统的各电源设备应配备具有监控性能和接口的监控单元,各站(场)的监控信号经数据采集器采集,通过以太网通信接口经传输系统送至控制中心。在控制中心的网管中心设置一套通信电源监控系统,对全线各站、停车场的通信电源设备进行遥控、遥信、遥测,实时监控系统和设备运行状态,记录和处理相关数据,及时发现故障,实现对 UPS、交流配电柜、直流高频开关电源、防雷器的工作状态,蓄电池组的充放电情况的监控和管理。

4. 通信电源系统的防雷要求

通信电源系统的防雷主要通过通信电源设备机内设置的分级防雷装置实现。在交流配电设备输入端的 3 根相线及零线应分别对地加装防雷器;在整流设备输入端、不间断电源设备输入端均应加装防雷器;在直流配电设备输出端宜加装浪涌吸收装置。通信电源设备机内采用的防雷器应带远程遥信监控模块。

二、通信接地系统

接地系统是通信电源系统的重要组成部分,它不仅直接影响通信电源系统和通信设备的正常运行,而且还起到保护人身安全和设备安全的作用。

1. 接地方式的分类

接地分为分散式接地方式和联合接地方式。

2. 地铁通信接地系统组成

地铁的通信接地系统宜采用联合接地的接地方式,在各车站(场)、控制中心均设置一组通信接地系统。接地系统由室外接地体和室内地线盘组成。室外接地体可由供电系统设置,它通过两条不同的引接线与通信电源室内地线盘的接地铜排相连。通信接地系统接地电阻标准为:接地体接地电阻应≤1Ω(自地线盘处测得)。接地装置用来接引以下各类设备:直流电源需要接地的一极;通信设备的保安避雷器;通信设备、通信电源设备的机架,机壳;引入电缆、室内电缆和配线的金属护套或屏蔽层。通信设备接地要求见表9-1。

通信设备接地要求　　　　表9-1

接地体 类型地点	分设室外接地体阻值(Ω)			合设室外接地体阻值(Ω)
	联合接地	保护接地	防雷接地	
车　　站	1~4	10	10	1

注:通信防雷接地可与建筑防雷接地共用。

附录　常用城轨信号系统英文缩写对照表

ATC	列车自动控制系统	TC	轨道电路
ATO	列车自动运行系统	STC	车站控制器
ATP	列车自动保护系统	RTU	远程终端单元
ATS	列车自动监控系统	CTC	调度集中
AR	列车折返模式	OBE	车载设备
CBTC	基于通信的列车控制系统	CA	控制中心自动控制(模式)
LCC	本地控制台	CM	人工控制模式
LCP	局部控制盘	LC	车站控制
LEU	轨旁电子单元	SM	ATP监督下人工驾驶(模式)
MMI	人机接口	AM	列车自动运行驾驶(模式)
MUX	多路转换器	SCR	车站控制室
OCC	控制中心	PSD	站台屏蔽门
CC	车载控制器	UPS	不间断电源
LOW	现场操作工作站	PIIS	旅客向导系统
PTI	列车识别系统	DTI	发车计时器
RM	限制人工驾驶(模式)	TDT	列车发车计时器
URM	非限制人工驾驶(模式)	DTS	光纤通信系统
DCS	数据通信子系统	TWC	车—地通信
ZC	区域控制器	DSU	数据库存储装置
OC	对象控制器	VCC	车辆控制中心
AP	轨旁无线接入	WE	轨旁设备

参 考 文 献

[1] 汪松滋.地铁概论[M].南京:南京出版社,1994.
[2] 陶启沪.铁道信号基础设备及原理[M].北京:中国铁道出版社,1992.
[3] 何文卿.车站信号自动控制[M].北京:中国铁道出版社,1997.
[4] 吴汶麒.城市轨道交通信号与通信系统[M].北京:中国铁道出版社,1998.
[5] 何宗华,等.城市轨道交通通信信号系统运行与维修[M].北京:中国建筑工业出版社,2007.
[6] 郎宗桢,等.轨道交通信号控制基础[M].北京:同济大学出版社,2007.
[7] 张喜.城市轨道交通信号与通信概论[M].北京:北京交通大学出版社,2012.
[8] 中华人民共和国国家标准.GB 50157—2003 地铁设计规范[S].北京:中国计划出版社,2003.